KATHARINA KOPPENWALLNER

SOUVENIRS

KATHARINA KOPPENWALLNER

SOUVENIRS

50 DINGE, DIE ES HIER NICHT GIBT

KEIN & ABER

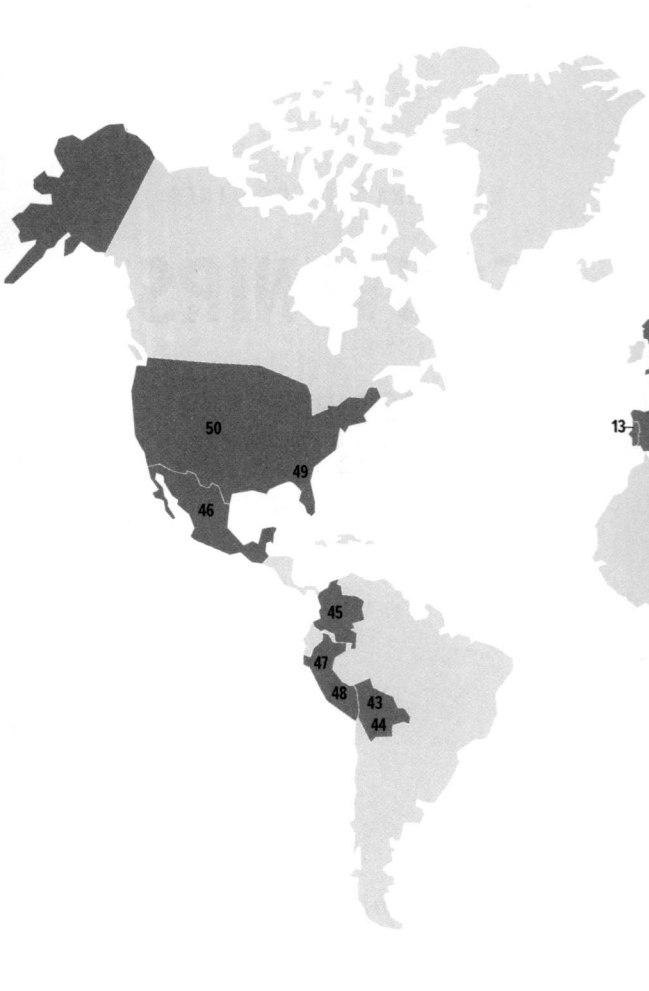

Copyright © 2019 by Kein & Aber AG Zürich - Berlin
Satz und Covergestaltung: Maurice Ettlin
Fotos: Katharina Koppenwallner
Druck und Bindung: CPI - Ebner & Spiegel, Ulm
ISBN 978-3-0369-5801-9

www.keinundaber.ch

INHALT

VORWORT

Ich bin mir nicht sicher, ob ein Souvenir der Bedeutung seines Wortes gerecht werden muss. Ob es nötig ist, seine Erinnerungen an einen Gegenstand zu binden.

Souvenirs bergen immer zwei Geschichten: die persönliche Erinnerung, wie man zu dem Objekt gekommen ist, und die universelle Geschichte, die etwas über das Land erzählt, aus dem es kommt. Besonders gute Geschichtenerzähler sind traditionelle Gegenstände. Sie geben einen Einblick in die Kultur des Landes, erzählen über das Leben und seine Bedingungen, und über die Menschen, die es hergestellt haben.

Auch ein Souvenir leidet als Erinnerungsstück an den üblichen Verklärungen der Vergangenheit, und wenn man nicht aufpasst, hat man die Wohnung voller Dinge, die, nur bedingt schön, vor sich hin stauben.

Ein Souvenir sollte einem möglichst viele Gründe geben, es zu mögen. Sie haben zuvor nicht nur sehr viele Kilometer zurückgelegt, im Zweifel schleppen Sie das Ding auch auf der ganzen Reise mit sich herum. Wenn man unterwegs ist, sollte man nie den Fehler machen zu denken, dass einem etwas Ähnliches nochmal über den Weg laufen werde, denn das ist so gut wie nie der Fall. Die guten Souvenirs werden leider gerne verpasst, und am Ende kauft man am letzten Reisetag irgendwelchen Schrott. Dabei ist es ein interessantes Vergnügen, sich auf die Suche nach einem mitbringenswerten Gegenstand zu machen, die den Reisehorizont enorm erweitern kann. Sie tauchen ein in eine fremde Alltagswelt und zumindest zeitweise entsteht eine Verbindung zwischen Ihnen, dem Objekt, das Sie suchen, und der Welt, in der es sich befindet. Handel war immer einer der ersten Momente, in dem Völker sich begegneten. Das gilt im Prinzip auch heute noch, im kleinen und persönlichen Rahmen, auch in einer globalen, digitalen Welt.

Und um an den Anfang dieses Textes zurückzukehren: Erinnerungen brauchen keine Souvenirs, und Souvenirs ohne Erinnerungen sind welche, die noch nicht verkauft sind.

Zum Glück muss man ein Souvenir nicht selbst besitzen, um der Kultur eines Landes ein wenig näher zu kommen. Das Souvenir wird seine Geschichte erzählen, mit Ihnen oder ohne Sie.

1

ALBANIEN

BUNKERASCHENBECHER

173 371 Bunker wurden zwischen 1972 und 1984 als Schutz gegen Feinde gebaut.

Es ist vielleicht überraschend, für Albanien auf Mamoraschenbecher in Bunkerform als mitbringenswertes Souvenir hinzuweisen. Immerhin hat das Land einiges an großartigen Textilien, Kelims und Holzarbeiten zu bieten. Am besten kann man traditionelle Waren auf dem Basar nahe der Festung Kruja finden, wahrscheinlich der einzige Platz im Land, in dem es dafür mehrere Geschäfte nebeneinander gibt. Kruja liegt etwa eine Stunde von Tirana entfernt und ist das Nationaldenkmal der Albaner. Am Ende der Anlage steht eine Tekke, das Zentrum des Bektaschi Ordens, ein Besuch bei dem Derwisch ist allein schon eine Reise wert. Aber wenden wir uns nun den kleinen Bunkern zu, die es im Gegensatz zu den folkloristischen Textilien überall gibt. In klein, als Aschenbecher und in groß, mit Platz für bis zu vier Personen.

173 371 Bunker wurden zwischen 1972 bis 1984 als Schutz gegen Feinde gebaut. Bauherr war der albanische Diktator Enver Hoxha, der sich im Laufe der Jahre mit allen Großmächten

und Nachbarstaaten zerstritten hatte. Voller paranoider Ängste und ohne politische Verbündete versuchte er, durch die Verbunkerung des ganzen Landes wieder Boden zu gewinnen. Albanien war unter seiner Herrschaft das Nordkorea Europas. Seine Frau antwortete 2004 in einem Interview auf die Frage, wie viele politische Gegner ihr Mann habe liquidieren lassen: »Ich weiß es nicht. Aber wir töteten nie ohne Grund.«

Da die Bunker extrem robust gebaut wurden, sind sehr, sehr viele von ihnen heute noch erhalten. Um die ganze Bevölkerung mit Bunkern zu versorgen, waren ungefähr 750.000 der kleinen Vier-Personen-Bunker geplant. Wie viele es dann wirklich waren, ist bis heute nicht ganz klar. Zwei Jahre hat der Militäringenieur Josif Zegali an der perfekten Konstruktion gesessen. Als kleinste Variante ist dabei eine Art Betoniglu mit Löchern rausgekommen. Wenn man so will, eine perfekte Aschenbecherform. Für den ersten Sicherheitstest musste sich der Ingenieur damals auf Befehl Hoxhas selbst in den Bunker begeben und sich von Panzern angreifen lassen. Das ist waschechter Diktatorenstil.

Heute gibt es einige Ideen, die leer stehenden Bunker, die das ganze Land überziehen, zu nutzen. Studenten entwickelten Konzepte für kleine Hotels oder Kioske, die aber nie umgesetzt wurden. Die meisten Bunker stehen einfach nur so rum. Die Bauern lagern hier ihre Kräuter, wenn sie nicht auf den Landstraßen zum Trocknen ausliegen. Man nutzt sie als Toilette, als Unterschlupf oder Mülltonne, Stall oder Liebesnest. Die größeren dienen auch als Strandbars oder Eigenheime. Auf der Expo 2000 in Hannover integrierte Albanien in seinen Pavillon einen Bunker, als Zeichen der Aufarbeitung ihres Steinzeitkommunismus und der Jahre der Isolation und Tyrannei.

Angeblich setzt man laut der ehemaligen Ministerin für Wirtschaftsentwicklung und Tourismus, Milva Ekonomi, in Albanien auf *Black Tourism*, schwarzen Gruseltourismus. So öffnete 2014 die Regierung in der Nähe von Tirana den fünfstöckigen Atombunker von Enver Hoxha für Besucher. Mit Museum und Kunstgalerie. Das Ganze nennt sich *Bunk Art*. Und 2017 wurde die Insel Sazan, ein wichtiger Militärstützpunkt für Italiener, Russen und Albaner in der Bucht von Vlora, für den Tourismus geöffnet.

Der kleine Mamorbunker als Aschenbecher oder Dose ist das beliebteste Souvenir Albaniens. Meistens hängt daran ein Zettel mit den Worten: »Greetings from the land of the bunkers, Albania«. Wenn man ihn richtig zu nutzen weiß, scheint so ein Bunker eine feine Sache zu sein.

2

DEUTSCHLAND

KÖNIG-LUDWIG-
T-SHIRT

Monarchie hin oder her,
König Ludwig war und ist ein
Mann der Moderne, eine Ikone
der Popkultur.

Viele Touristen, die aus dem außereuropäischen Ausland nach Deutschland kommen, denken, dass es hier überall so aussieht wie in Bayern. Da irren sie sich natürlich gewaltig, denn abgesehen von den sonst überall fehlenden Bergen und Schweinshaxen hat kein anderes Bundesland in Deutschland so nah an Pomp und Gloria gebaut wie der Freistaat Bayern. Hier steht in jedem zweiten Dorf eine vollkommen überladene Barockkirche, und den Prominenten des Landes scheinen ästhetische Grenzüberschreitungen besonders locker von der Hand zu gehen. König Ludwig II. von Bayern, auch Schwanenkönig oder Märchenkönig genannt, passt da hervorragend ins Bild.

Als Bauherr dreier Schlösser – Linderhof, Herrenchiemsee und Neuschwanstein – hat er Bayern damals fast in den Ruin getrieben. Heute sichern die Einnahmen dem Staat Millionen. Neuschwanstein ist nach Berlin und München auf Platz drei der deutschen Touristenattraktionen. In der Hauptsaison besuchen jeden Tag bis zu 7000 Menschen das Ergebnis seiner Bausucht. Mit einem fest installierten Personenleitsystem wie an den Sicherheitskontrollen von Flughäfen versucht man, den Massen Herr zu werden. Besichtigen darf man das Schloss nur im Rahmen einer 30-minütigen Führung. Das ist nicht viel Zeit für die Tropfsteinhöhle aus Pappmaché, das neogotische Himmelbett und die vielen Schwäne, die immer wieder als Wasserhähne oder Monsterskulpturen auftauchen. Und dazu die damals topmodernen technischen Anlagen, wie das elektrische Klingelsystem für die Dienerschaft.

Es gibt die Meinung, der Bau seiner vielen Schlösser diente der Kompensation seiner unterdrückten Homosexualität. Wem das zu gewagt ist, der kann Ludwigs Obsession auch als Umsetzung seiner Vorstellungen von einem absolutistischen Königtum verstehen. Meine bayrischen Großeltern, als Hopfenbauern allem anderen als der Welt des Glitzers verpflichtet, stickten gemeinsam und in stiller Eintracht mehrere Jahre an einem vorgefertigtes

Gobelinbild mit dem Porträt des Kini, wie Ludwig noch heute liebevoll in Bayern genannt wird. Die mysteriösen Umstände seines Todes, seine Entmündigung durch die bayrische Regierung, seine enormen Schulden, seine Prunk- und Protzsucht, alles haben ihm seine bayrischen Untertanen verziehen. Was für den wahren Freigeist des Landes spricht. In der Münchner Stadtgeschichte wimmelt es von Ludwig-Nachfolgern wie Rudolf Mooshammer oder Walter Sedlmayer, ja, auch Rainer Werner Fassbinder kann in dieser Tradition gesehen werden. Nicht zu vergessen Helmut Berger, als König Ludwig in der Rolle seines Lebens, gedreht mit seinem Lebensgefährten Luchino Visconti.

König-Ludwig-Souvenirs können Sie im sehr gut sortierten Museumsshop im Schloss Neuschwanstein kaufen. Der Seidenstoff, der als Baldachin über dem Bett des Königs hing, mit einem gestickten Allover-Muster aus bayerischen Rautenwappen, weißen Lilien, goldenen Löwen und weißen Schwänen taucht als

Print auf allerlei Haushaltsgegenständen wie Topflappen und Krawatten wieder auf. Der König aller Souvenirs aber ist ein T-Shirt mit seinem Konterfei. Denn Monarchie hin oder her, König Ludwig war und ist ein Mann der Moderne, eine Ikone der Popkultur. »Es ist notwendig, sich solche Paradiese zu schaffen, solche poetische Zufluchtsorte, wo man auf einige Zeit die schauderhafte Zeit, in der wir leben, vergessen kann«, schrieb er einst in sein Tagebuch. Dieser Mann gehört einfach auf ein T-Shirt.

2

LETTLAND

HANDSCHUHE

Den Fäustlingen, auf Estnisch
Kirikindad, wurden früher
magische Kräfte zugesprochen,
besonders wenn während ihrer
Herstellung gesungen wurde.

Während man sich in den warmen Monaten nicht allzu viele Gedanken um Wolle und kalte Hände macht, beginnt irgendwann die Zeit, in der fanatisch in Schubladen nach den zusammen gehörenden Handschuhpaaren gekramt wird. Wohl dem, der im Besitz einer genügend großen Anzahl von beliebig kombinierbaren Einzelstücken aus handgestrickter Wolle ist.

Wie Litauen und Lettland gehört auch Estland zu den großen Strickzentren dieser Welt. Bekannt sind die Strickereien durch ihre kleinteiligen Muster, die alles überziehen, was sich stricken und tragen lässt.

Besonders die Fäustlinge sind ein altes, kulturhistorisches Erbe des Landes. Jede Region hat ihren eigenen Stil mit unterschiedlichen Mustern, die an die jeweilige Tracht der Region anknüpfen. Die Muster sind immer in zwei Teile aufgeteilt: Den *Lapps*, das zentrale Motiv, das sich auf Handrücken und Innenseite befindet, und den *Vahelapps* an den Seiten. Traditionell sind die Handschuhe naturweiß, schwarz, braun oder dunkelblau. Sie haben einen rot-weißen Streifen um die Handgelenke, mit dem der böse Blick oder der Teufel ferngehalten werden soll. Den Fäustlingen, auf Estnisch *Kirikindad*, wurden magische Kräfte zugesprochen, besonders wenn während ihrer Herstellung gesungen wurde. Man muss dazu sagen, die Esten glauben auch an reisende Wälder, die Orte verlassen, an denen schlechte Menschen leben. Oder an Steine, die heilig sind und denen Münzen oder rote Bänder geopfert werden müssen.

Im Nachbarland Lettland wurden selbst gestrickte Handschuhe bei Hochzeiten früher an jeden Gast verteilt. Lettische Hochzeiten können sehr groß sein, 300 Stück mit unterschiedlichen Mustern waren da keine Seltenheit.

Gestrickt wurde eigentlich schon immer und überall auf der Welt. Die frühsten erhaltenen Maschengewebe stammen aus der Zeit um 200 n. Chr. und wurden in Syrien gefunden. Es sind allerdings Gestricke, die mit nur einer Nadel gemacht wurden, man nennt diese Technik Nadelbinden. Die älteste erhaltene echte Strickerei ist ein ungefähr 1000 Jahre alter Strumpf aus Ägypten, der mit seinen kleinteiligen, blau-weißen Mustern so aussieht, als käme er direkt vom Strickbasar aus Tallin. In Estland stammt der älteste Strickfund aus einem Frauengrab aus dem 13. Jahrhundert. Richtig durchgesetzt hat sich das Stricken allerdings erst gut 500 Jahre später, als jede Hausfrau es schon als Kind lernte.

Die Kunst des Strickens gelangte wahrscheinlich über die Handelswege aus dem mittleren Osten über Spanien und Italien nach Nordeuropa. Lange Zeit war es nur eine Sache für Kirchen und Königshäuser. Eine strickende Madonna war im 14. Jahrhundert in Italien und Deutschland ein beliebtes Bildmotiv. Und in der Renaissance war das Stricken ein Zeichen höfischer Eleganz, eng anliegende Stricksocken das absolute Musthave für Männer.

Heute zeigt sich das Stricken sehr viel volksnäher. In Tallin begegnen Ihnen Massen an Strickwaren, die meisten allerdings maschinell gefertigt. Auf jeden Fall können Sie sich mit ihren lettischen Handschuhen beim nächsten Waldspaziergang darüber freuen, dass Sie nur von guten Menschen umgeben sind. Denn sonst wäre der Wald ja woanders.

4

FINNLAND

HIMMELI

Die Finnen bezeichnen sie
als »geordnete Natur«.

Der Name *Himmeli* sagt eigentlich schon alles. Denn es geht um die Luft und die Weite der Natur, um das »Oben« in der Welt, und vielleicht sogar den ganzen Kosmos. Genauer gesagt geht es um Mobiles aus Stroh, die zur Weihnachtszeit in jedem Haushalt in Finnland, Schweden, Estland und Litauen von der Decke baumeln. Man nennt sie Himmeli, ein Name, fast zu schön, um wahr zu sein. Er kommt aus dem Germanischen und meint tatsächlich den Himmel.

Die ausufernden Gebilde sind aus vielen kleinen Oktagonen und Polyedern aus Strohhalmen gemacht. Sie sehen aus wie riesige, schwebende Molekülmodelle, die sich sanft im Raum bewegen. Die Finnen bezeichnen sie gern als »geordnete Natur«. Das lässt tief in die Seele des Landes blicken und passt gut zu den vielen schicken Designobjekten aus Naturmaterialien, die hier produziert werden.

Himmeli wurden ursprünglich in Finnland während der Erntezeit über die Esstische gehängt, um so die Ernteerträge zu erhöhen. Es galt die Gleichung: Je größer das Gebilde, umso besser die Ernte. An wen man diese Bitte stellte, ist allerdings nicht so ganz klar. Weil sie so schön aussehen, wurden sie oft bis nach Weihnachten als Dekoration behalten, einige sogar bis zur Sommersonnenwende. Wenn sich das Himmeli leicht unter einer brennenden Kerze bewegt und Schattenspiele an die Wände wirft, wirkt es wie von einer fremden Kraft gesteuert. Vielleicht kommt daher die Idee, dass es mit seiner flirrenden Erscheinung an den Stern von Bethlehem erinnert. Und das verwendete Stroh symbolisiert für manche das erste Bett des Christkindes in der Scheune.

Gut gepflegte Himmelis können weit über hundert Jahre alt werden. Die besten sind aus dem Stroh von Roggenähren, das sehr lang und stabil ist. Zuerst tauchten sie in Finnland und Schweden auf. Nach Estland kamen sie über die schwedische Bevölkerung, die seit dem Mittelalter an der estnischen Küste und auf den Inseln lebte. Die Schweden verließen das Land kurz vor dem Zweiten Weltkrieg, aber die Himmelis blieben. Im Gegensatz zu den anderen Ländern sind Himmelis in Estland aus Schilf gemacht, das angeblich noch haltbarer ist als das Roggenstroh.

Himmelis sind verwandt mit den polnischen *Pajaki*, was auf Polnisch Spinne bedeutet. Pajaki sind aus Stroh und bonbonfarbenen Seidenpapieren gemacht und viel opulenter als ihre minimalistischen, nordischen Schwestern.

Statt sich ein Himmeli mitzubringen, können Sie es auch selbst basteln. Das ist eigentlich ganz einfach, wenn nur nicht die ganzen *Pikkujoulu*-Feiern wären! Pikkujoulu werden in Finnland die Vorweihnachtsfeiern in den Betrieben, den Schulen und Institutionen genannt, die die Zeit vor Weihnachten so knapp machen. Wahrscheinlich hat der Lette Raimundas Rotkevičius jegliche Festivität gemieden, als er 2016 mit 1.64 Kubikmetern das größte Himmeli der Welt baute. Das erfordert schließlich höchste Konzentration.

Der finnische Schriftsteller Jalmari Sauli brachte 1928 eine Sammlung von Geschichten über die Natur und den Menschen heraus, die er *Himmeli* nannte und die damals mit dem finnischen Literaturpreis ausgezeichnet wurde. Er beschrieb die minimalistische Weihnachtsdekoration als den idealen Begleiter. Ruhig und leicht würde er die Sorgen und Freuden des Menschen teilen und ihn ansonsten in Ruhe nachdenken lassen. Vielleicht hat Jalmari Sauli damit recht. Denn oben unter der Decke, da, wo sich alles sammelt, hat man den besten Überblick.

5

FRANKREICH

MARMORIERTE FAYENCEN

Jedes Stück ist wie der Blick in die Tiefen des Weltalls – oder in einen Eisbecher.

Vergessen Sie die scheußlichen, gelben Keramiken aus der Provence mit den öden Olivenzweigen darauf, vergessen Sie Töpferorte wie Vallauris, die ihre glorreiche Vergangenheit schon lange hinter sich gelassen haben, und vergessen Sie vor allem die Industrieware im Landhauslook, die Sie genauso gut in der nächsten deutschen FuZo bekommen.

Wenn Sie eine wirklich umwerfende Keramik aus dem Süden Frankreichs mitbringen wollen, dann fahren Sie in die kleine Stadt Apt, im Zentrum des Luberon, 50 Kilometer nördlich von Aix-en-Provence. Von hier kommen marmorierte Keramiken, die komplett mit psychedelischen, kleinteiligen, wilden Schlierenmustern überzogen sind. Das Geschirr ist leicht und filigran, obwohl es handgemacht ist. Jedes Stück ist wie der Blick in die Tiefen des Weltalls, oder in einen Eisbecher. Aber damit Sie sich jetzt keine falschen Vorstellungen machen: Die marmorierten Fayencen aus Apt sind in etwa so wie Koriander: Entweder man liebt sie oder man hasst sie.

Das Besondere an ihnen ist ihre Herstellung. Die Muster werden nicht mit Farbe als Glasur aufgetragen, wie man das normalerweise kennt, sondern sie entstehen durch das Verkneten mit farbigem Ton. Das können unterschiedliche Tonsorten sein oder auch nur eine, die dann mit Farbpigmenten eingefärbt wird. Der Ton wird mit verschiedenen Techniken gerollt, geschnitten und verknetet und dann vorsichtig in eine Gießform gedrückt. Es gibt ein Muster, bevor es eine Form gibt. Denn die Marmorierung ist keine oberflächliche Glasur, sondern sie durchzieht den ganzen Ton. In etwa wie bei einem Marmorkuchen. Die Schlieren sind auch später an den Seiten der Scherben sichtbar, falls mal ein Teller aus der Hand rutschen sollte.

Man nennt das Geschirr *Aptware*, in Frankreich kennt man es auch als *Faience d'Apt*. In England gibt es ähnlich marmorierte Fayencen, die nach dem marmorierten Agate Stein, *Agateware* genannt werden. Die *english laid Agate*, in Formen gelegte Agateware, lässt sich am ehesten mit der Aptware aus Frankreich vergleichen. Und auch Japan kann mit ähnlichen Preziosen aufwarten, der Nerikomi-Keramik.

Die ältesten marmorierten Tonarbeiten fand man im antiken China, sie wurden im 8. Jahrhundert während der Tang Dynastie hergestellt. Richtig los ging es dann aber erst im 18. Jahrhundert. Neben Frankreich experimentierten damals auch die Engländer mit gefärbtem Ton. Der erste war Thomas Wedgwood of Burslem. Durch die vielen Tonarten im Luberon ist die Gegend hervorragend für diese Technik geeignet. Die ersten bekannten marmorierten Keramiken kamen 1728 von César Moulin aus dem nahe gelegenen Dorf Cestellet. Aptware war eigentlich eher für die höheren Schichten gedacht, angeblich war Ludwig XVI. ein Fan des Geschirrs.

Die frühe Mitte des 19. Jahrhunderts gilt in Apt und Umgebung als das goldene Zeitalter der Fayencen. Mit riesigen, bis zu zehn Meter hohen Brennöfen konnte man Tonnen von Geschirr in einem Schwung brennen.

Die Ware wurde günstiger und zu einer Art Massenartikel. Um 1865 ging es wieder bergab, denn es gab billigere Konkurrenzprodukte aus der Provence und dem Languedoc. Außerdem wurde das Brennholz für die Monsteröfen knapp. Zum Ausbruch des Ersten Weltkrieges waren dann alle Manufakturen verschwunden.

Die Fayencen sind mehr als ein schnödes, kleines Souvenir. Vielleicht der Beginn einer lebenslangen Liebe, die einst in Südfrankreich begann. Und nun für immer in Ihrem Geschirrschrank darauf wartet, sehr oft benutzt zu werden.

6

KOMBOLOI

Während sie früher so rumlungerten, ließen die Männer mit Schwung ihre Komboloi durch die Finger gleiten, die dabei satte und tief befriedigende Klackergeräusche machten.

So wie bei uns langsam Männer in weißen Unterhemden und Frauen in bunten Kittelschürzen aus dem Alltag verschwinden, sieht man in Griechenland kaum noch die älteren männlichen Herrschaften, die in Gruppen einfach so zusammenhocken und vor sich hin warten. Sie lungerten herum und ließen mit Schwung ihre Komboloi durch die Finger gleiten, die dabei satte und tief befriedigende Klackergeräusche machten. Eigentlich sollten sie doch raus in die Welt und Bären jagen, stattdessen machten sie etwas komplett Nutzloses. Während die Frauen ihre Hände mit praktischen Handarbeiten beschäftigten, klackerten sie mit den Perlen und erfreuten sich an Geräusch und Fingerspiel. Früher gehörte das Männerspielzeug zu jeder ordentlichen griechischen Herrenausstattung. Heute gehört es zumindest in jeden griechischen Souvenirshop.

Komboloi sind kleine, dem katholischen Rosenkranz ähnliche Ketten, aus 23 einfachen Schmucksteinen. Sie stammen ursprünglich aus Indien und China und kamen dann als

Gebetskettchen in die arabische Welt. Vermutlich haben die Griechen sie von den Türken übernommen, ihren jahrhundertelangen Besatzern. Anders als die islamischen Gebetskettchen oder der katholische Rosenkranz haben die Komboloi heute keinerlei religiöse Bedeutung mehr. Die Ketten sollten eigentlich immer 33 Perlen haben, die Begründung dafür ist je nach Religion unterschiedlich. Die eine, einzelne Perle, die anders ist als die Anderen, und die den Anfang oder das Ende der Kette markiert, heißt »Priester«.

Oft kommt der Handschmeichler als Hybrid mit einer anderen Tradition daher: dem Auge des Bösen, einem kleinen Glaskörper in den Farbschattierungen der Regenbogenhaut des Auges. Das blaue Amulett soll als eine Art Gegenmittel den bösen Blick abschmettern. Wenn man sowieso den ganzen Tag die Komboloi in der Hand hat, ist diese Funktion natürlich sehr praktisch. Wie in der islamischen Welt glaubt man auch in Griechenland, dass das Böse hellblaue Augen hat. Vielleicht weil es so wenige Menschen mit hellblauen Augen gab, auf jeden Fall sollte so Gleiches mit Gleichem besiegt werden.

Die Griechen nennen die blauen Glasaugen *Mati*, *Kakó Mati* oder *Matiasama*, in der Türkei werden sie Nazar-Amulett genannt. *Nazar* ist der arabische Ausdruck für »sehen«. In Nordafrika kennt man es auch als das Auge der Fatima. Es soll ebenso wie die Hand der Fatima das Böse fernhalten. Funktioniert aber besser in Silber als in Blau.

Der Ursprung dieses Glaubens liegt bei den Turkvölkern, aber eigentlich geht er auf die griechische Antike zurück. Damals dachte man, die Augen seien eine Quelle tödlicher Strahlen. Der böse Blick taucht bei der Medusa auf, in den Schriften des Plutarch, im Alten und im Neuen Testament, genauso wie in früher islamischer Literatur. Bis heute leben diese Geschichten und Varianten auf der ganzen Welt weiter. Ebenso vielfältig sind die Varianten des blauen Glasauges, als Motiv oder Gegenstand, vom kleinen Anhänger bis zum monströsen Wandbehang. Ob der schieren Masse an Produkten müsste man eigentlich davon ausgehen, dass sie auf jeden Fall funktionieren. Aber dafür gibt es leider keine Garantie.

Komboloi kann man in allen Preisklassen bekommen. Neben Glas- und Plastikperlen gibt es Luxusvarianten aus handgeschnitztem Bernstein, Edelhölzern, Korallen, Perlen und anderen feinen Schmucksteinen. Organisches Material macht auf jeden Fall die besseren Geräusche als Plastik. Und genau darum scheint es hier ja zu gehen.

7

GROSSBRITANNIEN

LOVESPOONS

Auch in Wales, im Nordwesten
Englands, denkt man bei Löffeln
nicht nur an Essen.

Für die Teile der Welt, die ihre Suppe nicht schlürfen, sondern löffeln, ist so ein Löffel viel mehr als nur ein Hilfsmittel zur Nahrungsaufnahme. Man kann ein Rotzlöffel sein, mit einem goldenen Löffel geboren, aber seine Suppe muss man selber auslöffeln, auch wenn man meint, die Weisheit mit Löffeln gefressen zu haben. Bevor man dann den Löffel ganz abgibt, nach all den Jahren in der Löffelchenstellung.

Auch in Wales, im Nordwesten Englands, denkt man bei Löffeln nicht nur an Essen. Hier gibt es die Tradition der Liebes-Löffel, die handgeschnitzten Lovespoons. Solche Löffel wurden von jungen Männern für ihre Auserwählte geschnitzt, als Beweis der Liebe und Fürsorge, die sie bekommen würde, wenn sie sich für ihn entscheidet. Wie viele Löffel ein Mann schnitzen musste, bevor er erhört wurde, ist nicht bekannt. Die Mädchen waren nicht dazu verpflichtet, den Holzlöffelschnitzer auch zu erwählen. Angeblich gab es Familien, die alle Lovespoons, die ihre weiblichen Familienmitglieder gesammelt hatten, schön sichtbar über ihren Kamin an der Wand platzierten. Nur um zu zeigen, wie begehrt ihr Nachwuchs ist.

Heute werden die Löffel, schon fertig geschnitzt, in vielen Waliser Souvenirgeschäften verkauft. In speziellen Löffelläden in Cardiff oder Swansea kann man sie mit passenden Inschriften personalisieren lassen. Wer die Tradition mag, aber nicht die Holzlöffel, kann sich auch welche aus Schokolade besorgen.

Für die Verzierung kommt das ganze Programm der Liebessymbole auf den Löffel: Herzen, Vögel, Glocken, Hufeisen oder Blumen. Die Holzlöffelspezialisten haben Listen für die Bedeutungen der Symbole, die nicht sonderlich aufregend sind. Das Herz steht für die Liebe, Glocken für die Hochzeit, Hufeisen für das Glück, Wein für Wachstum, Blumen für die Zuneigung, Knoten für die ewige Liebe usw. usw.

Die Tradition »Holzlöffel als Liebesbeweis« gibt es auch in anderen, ehemals von Kelten bewohnten Gebieten des Landes. Und außerhalb des vereinten Königreiches in Norwegen. Hier war man nur etwas schlauer: Schnitzer und Beschnitzte durften ganz allein in einem Raum sitzen (oh, là, là), um sich näher kennenzulernen. Währenddessen musste der Mann seinen Löffel schnitzen, denn so blieb keine Zeit für unschickliches Hantieren. Und der Werbende konnte gleich zeigen, wie toll er handwerken kann.

Der älteste erhaltene Liebeslöffel befindet sich im St. Fagans Museum of Wales Life in Cardiff und ist auf das Jahr 1667 datiert. Wenn Sie sich jetzt vorstellen, dass ein Waliser Mädchen damals in der Tracht mit hohem, spitzem Hut und Umhang im Hexenstil ihre Löffel gehortet hat, dann weit gefehlt. Denn die Nationaltracht aus Wales ist eine erfundene Tracht aus dem 19. Jahrhundert. Sie wurde aus Versatzstücken der alten, bäuerlichen Bekleidung im Zuge der gerade beginnenden Industrialisierung und des aufkommenden Nationalismus als eine eigene Nationaltracht kreiert.

Gerne verschenkt werden die Löffel zum St. Dwynwen's Day, das ist eine Art Valentinstag der Waliser am 25. Januar. Die heilige Dwynwen war eine unglücklich verliebte Prinzessin, die nie wieder heiraten wollte, allen Liebenden Glück wünschte und selbst Nonne wurde. Heute ist sie die Schutzpatronin der Liebenden, gleichzeitig aber auch die Heilige der kranken Tiere. Wenn Sie also mal nicht wissen, ob sie sich mehr Sorgen über ihren Partner machen müssen oder ihr krankes Kaninchen, dann beten Sie einfach zur heiligen Dwynwen und sparen damit etwas Zeit.

8

HOLLAND

DELFTER BLAU

Ein gelungenes Plagiat, das zu
einer eigenen Volkskunst wurde.

Auf manchen Reisen begleitet einen ein Souvenir auf Schritt und Tritt. Im Falle der Niederlande ist es das blau-weiße Porzellan aus Delft, das sich in den Souvenirgeschäften in Form von Holzpantoffeln, küssenden Pärchen und Aschenbechern auftürmt. Bei KLM verschenkt man in der Business Class Delfter Miniaturen von Hollandhäusern. Auch Vasen und klassisches Geschirr bekommt man öfter zu Gesicht als Windmühlen und Tulpenfelder. Das Delfter Blau ist ein Stück der nationalen Kultur des Landes, obwohl es eigentlich gar kein niederländisches Produkt ist, sondern als schnöde Kopie teurer chinesischer Exportwaren angefangen hat. Ein gelungenes Plagiat, das zu einer eigenen Volkskunst wurde.

Die ersten, die im 16. Jahrhundert chinesisches Porzellan nach Europa brachten, waren die Portugiesen. Man nennt diese Exportware nach ihren Schiffen, den Karacken, Kraak-Porzellan. Das weiße Gold fand in den Fürstenhäusern reißenden Absatz. Ende des 16. Jahrhunderts machte sich die holländische

Ostindien-Kompanie (VOC) auf, das portugiesische Handelsmonopol durch Kapern der Schiffe zu brechen. Nicht gerade die feine holländische Art, aber erfolgreich.

Schnell wurden die Handelsbeziehungen enger und die Holländer brachten Musterstücke europäischen Geschirrs nach Jingdezhen, das größte Porzellanzentrum des Reiches und noch heute Partnerstadt von Delft. Hier produzierte man schon im 8. Jahrhundert Porzellan nach dem Geschmack der Kundschaft, die damals aus dem persischen Reich kam. »So blau wie der Himmel, so glänzend wie ein Spiegel, so dünn wie Papier und nachklingend wie eine Glocke«, so stellte sich der chinesische Gelehrte und Gartendesigner When Zhenheng im 17. Jahrhundert das ideale Porzellan vor. Für ihn war das Exportgeschirr vor allem Ramsch, den man Ausländern andrehen konnte. Der Mann, der ein Buch mit dem Titel *Eine Abhandlung über die überflüssigen Dinge* verfasste, war allerdings sehr streng. Seine Meinung zum Thema Vasen:

»Nimm mehr als zwei Stiele, und dein Zimmer wird schließlich aussehen wie eine Schänke.«

Die Mengen des Exportporzellans waren durch den langen Weg begrenzt, aber die Nachfrage stieg immer weiter. Also fingen die heimischen Töpfereien an, die Ware aus China zu kopieren. Da man in Europa erst Anfang des 18. Jahrhunderts in Meißen hinter das Geheimnis der Porzellanherstellung kam, behalf man sich mit irdenen Töpferwaren, die mit weiß deckender Zinnglasur und eingebrannter, kobaltblauer Bemalung verziert wurden. Als Porzellan verkleidete Keramik nennt man heute Fayencen, nach dem italienischen Töpfereizentrum Faenza.

Schnell war die Keramik im Look chinesischen Porzellans der Renner im ganzen Land, aber hundert Jahre später war es schon wieder vorbei. Durch die Konkurrenz aus Meißen, englische Massenware aus Wedgwood und die vielen Kopien der Delfter Porzellankopien gerieten die 32 Delfter Werkstätten im 18. Jahrhundert in eine tiefe Krise.

Heute ist nur noch die Manufaktur »Porceleyne Fles«, auf Deutsch Porzellanflasche, übrig. Seit 1919 darf der Betrieb das Attribut *koninklijk*, königlich, führen. Bei Royal Delft wird heute noch von Hand gearbeitet und bemalt. Man kann die Fabrik besichtigen und auch seine eigenen Kacheln, Teller oder Vasen bemalen, die einem fünf Tage später fertig gebrannt zugeschickt werden. Stilistisch hält man sich dabei am besten an die große, alte Tradition des Nachahmens. Denn wie schon Konfuzius sagte: »Wer große Meister kopiert, erweist ihnen Ehre.«

9

ITALIEN

IL CARRETTO SICILIANO

Hier lernt man schnell, dass
mehr einfach mehr ist.

Beifallheischend sieht mich der Verkäufer an: »Der Stuhl ist 80 Jahre alt und neu restauriert!« Während er darauf wartet, dass ich ohnmächtig vor Ehrfurcht ob dieser sagenhaften Antiquität meinen Geldbeutel zücke, schiebt er ein »und alles von Hand bemalt« hinterher. Da steht er nun, ein komplett mit süßlicher Miniaturmalerei überzogener Flohmarktstuhl und mir blutet das Herz, weil wir uns partout auf keinen Preis einigen können.

Ich bin in einem dieser typischen Souvenirläden auf Sizilien, vollgestopft mit wild bemalten Keramiken, dümmlich lächelnden Medusenköpfen und kreischbunten Holzarbeiten. Der Vorhof der Hölle eines Adolf Loos, des österreichischen Architekten, der vor gut hundert Jahren mit seiner Schrift *Ornament und Verbrechen* erklärte hatte, dass die kulturelle Evolution nur mit dem Entfernen des Ornamentes zu haben ist. Der Mann ist wohl nie auf Sizilien gewesen. Denn hier lernt man schnell, dass mehr einfach mehr ist, und zwar auch mehr Kultur.

Manifestation dieser Liebe zum Überschwang sind die *Carretti Siciliani*, lustig bemalte Karossen mit viel Charakter und Tradition. Es begann Ende des 18. Jahrhunderts, als die Besitzer der einfachen Pferde und Eselwägelchen ihre rumpeligen Holzkarren mit kleinteiligen Schnitzereien und detailverliebten Miniaturen zu prächtigen Gefährten aufmotzten, um auch so tolle Fahrzeuge zu haben wie die reichen Großgrundbesitzer. Die Verbindung von Fahrzeug und Status ist kein neuzeitliches Phänomen Der Gestaltungswille der Besitzer machte auch nicht vor den Zugpferden halt, die mit koketten Troddeln und buntem Gebimsel ihren Dienst antreten mussten. »Diese bemalten Wägelchen fahren durch Straßen und Gassen und ziehen mit ihrer drolligen Buntheit Blicke und Gedanken auf sich; denn sie sind gleichsam promenierende Bilderrätsel, die man im Vorübergehen lösen möchte«, beschrieb sie Guy de Maupassant 1890 in einer seiner Reisereportagen. Neben traditionellen Mustern und Ornamenten findet man Szenen aus der Mythologie oder der Geschichte des Landes, die es zu entschlüsseln gilt. Bis heute hat jede Provinz ihren eigenen Stil. Mittlerweile wurden die Holzkarren von motorisierten Dreirädern und Kleinwagen aus Metall abgelöst.

Es gibt wenig Gegenden auf der Welt, deren touristische Warenwelten so von der Konsumindustrie vereinnahmt worden sind wie diese sizilianischen Malereien. In erster Linie von italienischen Modehäusern wie Versace und Dolce & Gabbana. Letztere nannten ihre Sommerkollektion 2016 »Sicilian cart« und kooperierten mit dem Gerätehersteller Smeg für eine limitierte Kühlschrankedition. Die von den wenigen noch heute tätigen Wägelchenmalern bemalten Kühlschränke wurden für circa 30.000 Euro verkauft. Die Aktion war ein so großer Erfolg, dass sofort die zweite Kooperation folgte. Ende 2017 kamen mit sizilianischen Mustern bedruckte Kleingeräte wie Toaster und Mixer auf den Markt. Die Kollektion heißt »Sicily is my love«, und

Adolf Loos würde sich zu Recht im Grabe umdrehen. Folkloredrucke auf Saftpressen, das bringt die Evolution der Kultur nun wirklich nicht nach vorn.

Wenn man sich in diese Art der naiven Malerei verliebt hat, sollte man sich besser nach handbemalten Vasen mit angeklebten Wollpuscheln umsehen. Oder nach Tambourinen, Holzschachteln, Basttaschen und besagten Stühlen. Oder man besucht gleich einen der Maler im Umland von Palermo und Catania und versucht dort sein Glück. Denn der richtig gute Kitsch kommt selten aus der Fabrik.

10

ÖSTERREICH

GMUNDNER KERAMIK

Da man nicht jeden Tag mit der ganzen Familie nach Bad Ischl fahren und Torte essen kann, landen früher oder später alle Touristen im Werksverkauf.

Es sieht etwas anders aus als bei meinem letzten Besuch: Größer, aufgeräumter und schicker. Auf dem Hof steht eine grüngeflammte Kaffeetasse für Riesen. Es ist über dreißig Jahre her, dass ich das letzte Mal hier gewesen bin, in der Porzellanmanufaktur Gmundner Keramik, in Gmunden am Traunsee in Oberösterreich.

Ein Besuch des Werksverkaufes gehört zu jedem Aufenthalt im Salzkammergut. Sei der Urlaub auch noch so kurz, hier regnet es auf jeden Fall. Mindestens einmal, manchmal auch die ganze Zeit. Auf den Salzburger Schnürlregen ist Verlass. Da man nicht jeden Tag mit der ganzen Familie nach Bad Ischl fahren und Torte essen kann, landen früher oder später alle Touristen hier. Sie schieben gelangweilt Einkaufswagen durch die Gänge und packen sie mit Keramik voll, als gäbe es kein Morgen.

Ein Drittel der gesamten Produktion wird hier verkauft. Im Management hat man lange verstanden, dass Ramschverkauf schlecht für den Umsatz und die Marke ist. Also gibt es statt vieler Prozente die »Erlebniswelt Gmunden« mit Vorführungen und Malworkshop. Ich könnte auf die »Eventisierung« ihres Werksverkaufes gerne verzichten. Ich will nicht mein eigenes Geschirr mit verschmierten Hirschen bemalen. Ich will, dass dies einer der vierzig hauseigenen Keramikmaler macht, die das auf jeden Fall besser können als ich.

Das erste Mal urkundlich erwähnt wurde die Gmundner Keramik im Jahr 1492, dem Jahr, in dem sich Christoph Kolumbus aufmachte, den Seeweg nach Asien zu finden, und auf den Bahamas gelandet ist. Im 17./18. Jahrhundert tauchte dann Geschirr mit grünen und blauen Glasuren auf, die geschüttet, geflammt oder mit kräftigen Strichen aufgetragen wurden. Die Keramikproduktion war in den kommenden Jahrhunderten ungeheuer vielfältig, aber so gut wie nie fehlte das in Massen hergestellte Grüngeflammte. Heute wird in der Firmenbroschüre des Unternehmens darauf hingewiesen, dass es für »fortschrittliche Traditionalisten« auch in mehrfarbigen Designs hergestellt wird. Eines davon heißt »Landlust« und ist orange und rot.

Mit dem Grüngeflammten ist es in etwa so wie mit der Toffifee-Verpackung, deren Design sich klammheimlich über die letzten Jahrzehnte eben doch verändert hat. So sind die grünen Linien mit den Jahren immer schmaler und klarer geworden. Als bei uns in der Familie Ende der 1970er-Jahre die erste Gmundner Keramik angeschafft wurde, waren die grüngeflammten Linien grob und verwaschen. Es war die Zeit, als das Komponierhäuschen von Gustav Mahler, um die Ecke am Attersee, noch das Klohäuschen für die Camper des anliegenden Campingplatzes war, und keine Gedenkstätte. Als man im Gasthof noch Beuschelsuppe und Kalbsbries bekam und keine Putenschnitzel und Sushiburger. Unschuldige Zeiten, in denen man das Wort »Landlust« eher mit Pornografie im Agrargewerbe verbunden hat als mit einer Zeitschrift für das Leben rund um Haus und Garten. Oder mit einer neuen Farbkombination für ein traditionelles Muster aus der Keramikmanufaktur.

Einer, für den die Natur Oberösterreichs trotz Dauerregens und Dauergrantelns ein Vergnügen gewesen ist, war der Schriftsteller Thomas Bernhard. Sein Vierkanthof, der heute ein Museum ist, liegt sechs Kilometer von Gmunden entfernt im Ort Ohlsdorf. Seine Meinung war eindeutig: »Je größer eine Geschmacklosigkeit im Salzkammergut ist, desto beliebter ist sie. Das Salzkammergutpublikum ist das geschmackloseste überhaupt.« Ja, o.k. Aber das arme Geschirr kann wirklich nichts dafür.

11

KARAKUL-HUT

Ein Accessoire für Männer und manchmal auch Frauen, das neben seiner wärmenden Funktion eine positive Wirkung auf Status und Statur hat.

Wenn Staatschef Leonid Breschnew die Sitzungen des Politbüros eröffnete, schaute er zuerst immer nach dem Kopf mit der Pelzmütze. Und wenn er ihn gefunden hatte, folgte der Satz, den in der damaligen Sowjetunion fast jeder kannte: »Makhmud ist da, wir können beginnen.« Es handelte sich um den tschetschenischen Tänzer und Schauspieler Makhmud Esambayev, ebenfalls Mitglied der sowjetischen Parteiführung, der nach tschetschenischer Etikette seinen Hut als Zeichen von Ehre und Würde niemals abnahm. Mit seiner Krone, wie er seinen graumelierten Astrakhan-Hut bezeichnete, überragte er spielend all die anderen hutlosen Gesellen.

Mützen und Hüte aus Persianer, Karakul oder Astrakhan-Lammfell gibt es in den verschiedensten Formen länderübergreifend im osteuropäischen Raum, auf dem Balkan, im Kaukasus, in Zentral- und Südasien. Sie sind ein Accessoire für Männer und manchmal auch Frauen, das neben seiner wärmenden Funktion eine sehr positive Wirkung auf Status und Statur hat.

Astrakhan ist nur eine der Bezeichnungen für das Fell des Karakulschafes, das man auch Persianer nennt. In der BRD meinte man damit noch generell die Persianerjacke oder den Mantel, den fast jede Frau über fünfzig, die nicht auf die Arbeiterwohlfahrt angewiesen war, im Schrank hatte.

Die osteuropäische Variante, die Karakul-Mütze, wird auch *Ambassador Hat* genannt - Botschafterhut - da weiß man doch gleich, worum es geht. Nicht umsonst trug ihn damals das halbe Politbüro. Besonders gut stand er Leonid Breschnew, denn der hatte die richtige Kopfgröße. Auf dem kleinen Kopf des heutigen Staatschefs Vladimir Putin sieht er leider aus wie ein Pappkarton. In der Sowjetunion nannte man ihn damals auch den »Kuchenhut«, was allerdings nicht gerade danach klingt, als könne man damit seinen Status aufpolieren.

Auch der türkische Staatsgründer Atatürk wusste, dass der Hut ein wichtiges, identitätsstiftendes Kleidungsstück ist. Er selbst war

Träger des *Kalpaks*, einer kegelförmigen Variante aus der Türkei, bevor er ihn 1925 mit seinem Hutgesetz auch vom eigenen Kopf verbannte. Als Zeichen einer einheitlichen Staatsbürgerschaft und als Symbol für eine moderne fortschrittsorientierte Türkei wurde damals das Tragen aller Arten von orientalischen Mützen zugunsten des einfachen Hutes mit Krempe verboten.

Kommen wir zum unangenehmen Teil dieser Mützen, der einer Anschaffung durchaus im Wege stehen könnte: die Fellgewinnung. Das Tier muss spätestens drei Tage nach seiner Geburt geschlachtet werden, denn danach wird sein Fell glatt und ist nicht mehr so schön kringelig. Die Mütter suchen tagelang verzweifelt in der Herde nach ihren Jungen, die schon lange tot sind. Zum Glück selten sind die Mützen aus dem feinen, hochglänzenden Breitschwanz, für das Frühgeburten und Embryonen getötet werden. Ob die Geburten künstlich herbeigeführt oder sogar die Muttertiere geschächtet werden, um an die

Embryonen zu kommen, darüber sind sich Tierschützer und Pelzinnung naturgemäß nicht einig. Die Produzenten streiten alles ab, die Tierschützer gehen vom Schlimmsten aus.

Heute findet man Persianermützen in Osteuropa eher auf den ländlichen Märkten und weniger in Fachgeschäften in der Großstadt. Für die Jugend ist die Mütze in den meisten Gebieten genauso Folklore wie für uns in Westeuropa. Aber auf dem Land gibt es durchaus noch alte Männer, die gleich mehrere Karakuls auf ihrem Kopf übereinanderstapeln. Nach der einfachen Rechnung: mehr Hut gleich mehr Größe gleich mehr Status. Man kann schließlich nie groß und mächtig genug sein: Sky is the limit.

12

STANNIOLPAPIERKRIPPEN

In Krakau ist man der Meinung,
dass Jesus nicht in einem
Stall auf die Welt gekommen ist,
sondern in einem großen,
bunten Palast.

In klirrender Kälte steht ein Vierjähriger auf dem Marktplatz in Krakau auf einer Bühne, vor sich ein glitzerndes Getüm aus bunten Klorollen. Alle jubeln und klatschen, der Moderator kriegt sich gar nicht mehr ein vor Begeisterung. Auf den Jungen folgt eine Gruppe älterer Damen, alle in Rollstühlen. Sie haben eine prächtige, etwa zwei Meter hohe Stanniolpapierkirche dabei, an der sie das ganze Jahr über im Altersheim gebastelt haben. Unter großem Applaus wird sie von drei Männern auf die Bühne gehievt. Die Schlange vor der Bühne ist lang und geduldig, um die 150 Bastler wollen heute noch ihre selbst gemachten Konstrukte vorstellen. Fast alle haben Schwierigkeiten, ihre sperrigen Glitzerpaläste allein zu tragen.

Es ist der erste Donnerstag im Dezember, und auf dem Krakauer Marktplatz findet der jährliche Krippenwettbewerb statt. Wer einmal ein wirklich anrührendes Weihnachtsspektakel erleben will, der sollte sich diesen Termin nicht entgehen lassen. *Szopski* heißen die aus Glanzpapier und Pappe gefertigten Krippen auf Polnisch. Sie sind aus einer langen Tradition heraus entstanden und erinnern nicht von ungefähr an Architekturmodelle. Grundsätzlich ist man in Krakau der Meinung, dass Jesus nicht in einem Stall auf die Welt gekommen ist, sondern in einem großen, bunten Palast.

Bei diesem Wettbewerb darf jeder mitmachen, Alter und Wohnort spielen keine Rolle. Einzige Voraussetzung ist, dass die Krippe im Krakauer Stil gefertigt wurde. Ihre Formen sollten sich an der mittelalterlichen Architektur der Stadt orientieren, an Gebäuden wie der Marienkirche oder der Wawel-Burg. Außerdem sollte sie leicht zu transportieren sein und am besten aus Pappe und Papier bestehen.

Nach der Anmeldung am frühen Morgen werden die Krippen rund um das Adam-Mickiewicz-Denkmal aufgebaut. Dort kann man sie vor der Bühnenpräsentation erst einmal in Ruhe bestaunen. Die wirkliche Preisverleihung findet drei Tage später im Stadtmuseum

statt. Bis Februar sind hier alle Wettbewerbs-
krippen ausgestellt, danach kommen nur die
Gewinner in die große Best-of-Szopski-Dauer-
ausstellung des Museums.

Im 19. Jahrhundert konnten sich die reichen Bürger der Stadt das Krippenspiel als
Showeinlage für zu Hause buchen. Während
die Krippenbauer für die Figuren zuständig
waren, wurde das Bühnenbild von Maurern
und Handwerkern gefertigt, da diese im Winter zu wenig Arbeit hatten. Wegen des Trans-
portes von Haus zu Haus mussten die Krippen
leicht sein. Im Laufe der Jahre entwickelte sich
unter den Bühnenbildnern ein Wettstreit,
wer die schönste Krippe bauen könne. Daraus
entstand dann der offizielle Krippen-Wett-
bewerb, der erstmals 1937 stattfand. Während
bei uns Heimwerker, die sich Miniaturen wie
Streichholzschlössern und Flaschenpostschiffen
widmen, eher belächelt werden, sind die Krippenbauer in Krakau sehr angesehen. Eine Krippe, die von einem der bekannten Star-Konst-
rukteure gefertigt wurde, kann schnell ein paar

Tausend Euro kosten. Für sie ist der Wettbewerb zwangsläufig eine ernste Angelegenheit, auf die sie sich akribisch vorbereiten. Nur die Bauherren der Souvenirkrippen, die in der Stadt angeboten werden, bleiben anonym und ohne Auszeichnung. Hier lässt sich ein Trend zu immer poppigeren Farben und groben Details erkennen, was nicht allen Modellen guttut.

Die einfachen Kinderkrippen schaffen es übrigens meistens nicht bis zur Preisverleihung. Denn Krippen, die den ästhetischen Ansprüchen nicht genügen, werden von der Jury vorher aussortiert. Eine bunte Klorolle reicht also nicht.

13

PORTUGAL

KOHLKOPFKERAMIK

Karl I., der damalige König von
Portugal, soll den vom Aussterben
ihres Handwerks bedrohten
Töpfermeistern geraten haben,
mal etwas Interessantes
zu machen.

Wahrscheinlich kommt die Inspiration für Keramiken in Kohlform von der grünen Suppe, der *Caldo Verde*, einer Nationalspeise Portugals, deren Hauptzutat neben Knoblauch, Kartoffeln und Kohl Wasser ist. Eine Suppe für harte Zeiten, wie der englische Koch Nigel Slater feststellte. Weniger grimmig als die dünne Suppe kommt dagegen das passende Geschirr der Firma Bordallo Pinheiro daher, mit Tellern und Schalen in Form von Kohlblättern und anderen Gemüsesorten. Die Marke ist bekannt für ihre naturalistischen Fayencen und schreckt vor wenig zurück. Für 7440 Euro kann man sich eine ein Meter große Porzellanwespe in den Garten stellen.

Der Gründer, Bordallo Pinheiro, soll ein sehr lustiger Mann gewesen sein. Immerhin war er vor seiner Karriere als Keramikhersteller Karikaturist und Herausgeber satirischer Zeitungen, die mit sarkastischem Humor politische und soziale Botschaften sendeten. In Portugal ist er bekannt als Schöpfer der Figur des »Zé Povinho«, des portugiesischen

Jedermanns: passend zur Kohlsuppe ein armer, bärtiger Bauer.

1884 begann Pinheiro mit seinem kunsthandwerklichen Unternehmen. Sein Bruder war für das Geschäft zuständig, er selbst für Produktion und Gestaltung. Die Fabrik liegt in Caldas da Rainha nördlich von Lissabon. Der Ort galt schon lange vor der Zeit Pinheiros als Hauptstadt der portugiesischen Töpferei. Da der Ton der Gegend sehr gut zu verarbeiten ist, gibt es das Töpferhandwerk hier schon seit dem Neolithikum. Caldas da Rainha liegt am Ende der von der portugiesischen Tourismusindustrie angeregten »Keramik-Route«. Es gibt ein kleines Museum und einen Werksverkauf der Pinheiro-Keramik. 200 Kilometer nördlich liegt die Stadt Ovar, die für ihre portugiesischen Kacheln, die Azulejos bekannt ist. Der Name *Azulejo* kommt aus dem Arabischen, az-zulai, und meint »kleine, polierte Steine«. Die Mauren haben diese Technik nach Portugal gebracht, das Glasurverfahren stammt aus dem persischen Raum.

Wenn Ihnen die naturalistischen Keramikgebilde von Pinheiro zu langweilig sind, dann suchen Sie nach den *Malandrices das caldas da rainha*, den Ungezogenheiten des Ortes. Sie werden sie schnell entdecken, nicht in den teuren Tonwarengeschäften, aber gleich nebenan: Phallusse aus Keramik, traditionell mit der Funktion Weinflasche ausgestattet, auch als riesige Spardosen zu haben. Diese Tradition gibt es seit dem Ende des 19. Jahrhunderts. Da die Penisse vor allem heimlich unter der Ladentheke verkauft wurden, existieren nicht viele Dokumente darüber und ihre Geschichte ist etwas nebulös. Angeblich soll Karl I., der damalige König von Portugal, den vom Aussterben ihres Handwerks bedrohten Töpfermeistern geraten haben, mal etwas Interessantes zu machen. Was ihnen ja dann durchaus gelungen ist.

Etwa zur gleichen Zeit gab Bordallo Pinheiro der Stadt den Rat, sich wieder mehr auf ihre Töpfertradition zu beziehen, und eröffnete seine Manufaktur. Seitdem besteht die

Genitalkeramik etwas parasitär neben den traditionellen Formen. Sie wurde nach Feierabend aus den Tonresten gefertigt, und da der Spaß nicht im Wohnzimmerregal landete, gab man sich auch nicht viel Mühe bei der Ausarbeitung. Heute gibt es eine ganze Reihe von *Louça fálica*, wie sie auch genannt werden. Der Renner sind hermaphroditische Becher, die einen Penis und eine Vagina haben. Die Vagina liegt an der Stelle, die einem der Penishenkel zum Trinken vorgibt. Alles in allem eine konsequente Weiterführung der Kohlköpfe, Sardinen und buckligen Katzen. Ich kann mir vorstellen, dass Herr Pinheiro stolz darauf wäre.

14

RUMÄNIEN

SCHLIERENKERAMIK

Klopfen Sie an eines der mit Tellern vollgehängten Wohnhäuser und man wird Ihnen weiterhelfen.

Rumänien ist ein Land, das für Souvenirs sehr ergiebig ist. Es ist ein Vielvölkerstaat und das bedeutet: Viele verschiedene Volksgruppen machen viele unterschiedliche Sachen. Wie zum Beispiel die psychedelisch anmutenden Schlierenkeramiken, deren Muster wie beim Marmorieren mit einem dünnen Stab in die nasse Glasur gezogen wird. Diese Keramik kommt aus Horezu, einem kleinen Ort in der nördlichen Walachei, in dem es wohl einmal viele Eulen gab, denn *Huhurez* ist das rumänische Wort für Waldkäuzchen.

Schlierenkeramiken gibt es auch in anderen Ländern Osteuropas, wie zum Beispiel in Bulgarien. Dort haben sie aber nicht das Gütesiegel »immaterielles Weltkulturerbe der Unesco«, das die Keramiken aus Horezu seit 2012 haben. Auch die Bierkultur in Belgien, arabischer Kaffee und mediterranes Essen sind immaterielles Weltkulturerbe der Unesco. Warum deutsche Wurst nicht mit dabei ist oder die bulgarische Schlierenkeramik, erschließt sich nicht so ganz. Aber die Wallachen haben den verkaufsfördernden Titel trotzdem verdient.

Die Geschichte der Keramik ist eng mit dem nahe gelegenen Kloster Horezu verknüpft, das 1690 von dem Fürsten Constantin Brâncoveanu errichtet worden ist.

Da der Fürst sehr für interkulturellen Austausch war, lud er Künstler und Handwerker aus der ganzen damaligen Welt dazu ein, bei ihm zu arbeiten. Diese Arbeit wiederum beeinflusste auch die heimischen Handwerker. Und so kommt es nicht von ungefähr, dass die Töpferarbeiten bis heute an orientalische Keramiken und Muster erinnern.

Das bekannteste Motiv aus Horezu ist aber der Hahn, man nennt ihn *Cocosul de Hurez*. Er ist derjenige, der den Sieg der Sonne über die Dunkelheit verkündet, was ein hübscher Aspekt aus dem Leben eines Hahnes ist.

Horezu selbst hat, neben dem besagten Kloster, eine lohnenswerte Umgebung. Östlich des Ortes liegt die Kleinstadt Râmnicu Vâlcea, eine der ältesten Siedlungen Rumäniens. In

Wirklichkeit heißt Râmnicu Vâlcea »Hackerville«. Jeder, der den Ort besucht, wird sofort merken, dass hier etwas nicht stimmt. Es gibt normalerweise in rumänischen Kleinstädten keine Clubs mit roten Teppichen davor, italienische Restaurants, die Lachstatar anbieten und nagelneue Hotels mit gesteppten Plüschwänden. Die gefühlten dreißig Western Union Filialen weisen schließlich darauf hin, worum es hier wirklich geht: Internetkriminalität im großen Stil. Zum Übernachten leider durchaus zu empfehlen.

Westlich von Horezu liegt Târgu Jiu, der Geburtsort des Bildhauers Constantin Brâncuči. Ende der 1930er-Jahre wurde hier ein dreiteiliges Skulpturenensemble von ihm errichtet, das in den 1950er-Jahren einmal abgerissen werden sollte, was aber nicht geklappt hat, weil die Bulldozer zu schwach waren. Wie kommt man auch auf die dämliche Idee, Werke, die »Unendliche Säule«, »Tisch des Schweigens« und »Tor des Kusses« heißen, einfach abreißen zu wollen?

Wenn Sie in Horezu sind, fahren Sie in das kleine Dorf Olari, da befinden sich die Töpfereien, die keinen scheußlichen Souvenirshop nebenan haben. Klopfen Sie an eines der mit Tellern vollgehängten Wohnhäuser und man wird Ihnen weiterhelfen.

Für den Alltag gibt es in Rumänien auf den Wochenmärkten ganz einfache Schlierenkeramiken, die nur mit einzeln verlaufenden Farbbahnen und Sprengseln verziert sind. Man findet sie wahrscheinlich in jeder Küche des Landes. Sie kommen nicht aus Horezu, sie haben auch kein Weltkultursiegel und sind trotzdem alles andere als alltäglich.

15

RUSSLAND

MATRJOSCHKA

Die permanente Anwesenheit der russischen Puppen grenzt an touristische Nötigung.

Weltweit gibt es nur wenige Souvenirs, die so omnipräsent sind wie die Matrjoschkas in Russland. Ihre permanente Anwesenheit grenzt an touristische Nötigung. Ein Grund, sich die hölzernen Steckpuppen einmal genauer anzusehen.

Der Name Matrjoschka ist die Verniedlichung des russischen Frauennamens Matrjona, genau übersetzt Matrone, was nicht sonderlich schmeichelhaft ist. Im weiteren Sinne kommt das Wort vom lateinischen *mater*, Mutter. Die hohlen, kegelförmigen Körper der Puppe sind aus Linden- oder Birkenholz, in der Regel werden fünf bis sieben Stück ineinander gesteckt. Besonders fruchtbare Exemplare können aber auch bis zu 20 Steckpuppenkinder haben.

Von Anfang an war die Matrjoschka ein Exportgut und Souvenirartikel, der Handwerk, Tradition und bäuerliche Kultur miteinander verband. Das erste Modell entstand 1892 in Abramzewo, einer Künstlerkolonie des Moskauer Unternehmers Sawwa Mamontow. Mit der beginnenden Industrialisierung sollte hier die alte Volkskunst wiederbelebt werden. Der Maler Sergej W. Maljutin und der Holzschnitzer Vasily Petrovich Zvyozdochkin entwickelten die Puppe gemeinsam. Es wird vermutet, dass mindestens einer der beiden von chinesischen Schachtelpuppen inspiriert worden ist. Eine andere Version der Geschichte sieht den Einfluss einer japanischen Fukurokuju-Puppe, die a) von Mamontow selbst von einer Reise nach Japan mitgebracht wurde, oder b) von der Frau seines Bruders. So oder so ist die Mutter aller russischen Souvenirs nach einem Souvenir entstanden und heute bekannter als Millionen anderer internationaler Steckpuppenvarianten.

Die erste Matrjoschka war eine Bäuerin mit Schürze, Kopftuch und einem schwarzen Huhn in der Hand. Sie steht heute im Spielzeugmuseum von Sergijew Possad, in der Nähe von Moskau. Hier entstand 1904 die erste Matrjoschka-Manufaktur, nachdem die Puppe 1900 auf der Pariser Weltausstellung eine Bronzemedaille gewann und die Nachfrage explodierte. Schnell kamen weitere Produktionsstätten hinzu, zum Beispiel in der Stadt Semjonow, im russischen Oblast Nischni Nowgorod. Hier wurde 1970 der bis heute ungeschlagene Matrjoschka Weltrekord mit einer ein Meter hohen Puppe aus 72 Teilen aufgestellt.

2008 wurden zum zehnjährigen Bestehen der russischen Vogue 30 Matrjoschkas nach Vorlagen von unterschiedlichen Designern angefertigt, die alle etwas Mühe mit ihren breiten Hüften hatten. Burberry zog ihr einen Trenchcoat an, der leider auftrug, genauso wie das Kleid von Prada, aus echter Sankt Gallener Spitze. Nur Roberto Cavalli erkannte ihre Stärken und machte aus ihr eine Art Kim Kardashian.

Der Schriftsteller Rudolf Hagelstange schrieb 1963 in seinem Buch *Die Puppen in der Puppe* über eine Russlandreise, die er zusammen mit Heinrich Böll und Richard Gerlach unternommen hatte: »Es will mir scheinen, als gäbe es für dieses Land, dieses Volk, diesen Staat kein gemäßeres und aufschlußreicheres

Symbol als diese zunächst recht einfach aussehende und fast einfältig dreinschauende Holzpuppe.« Denn Russland mit seiner hinter dem Eisernen Vorhang verborgenen Politik war für den Westen ein rätselhaftes Land, das erst entschlüsselt werden musste. Man kann das Stecksystem der Puppe auch als ein Symbol der tiefen Seele des Landes sehen, die sich, verschachtelt bis ins Unendliche, zwischen den Holzwänden verbirgt. Weniger geheimnisvoll dagegen sind die Wege, sie käuflich zu erwerben. Wahrscheinlich gibt es in Russland nur eine Handvoll Souvenirgeschäfte, die keine Matrjoschkas anbieten. Und die, die es nicht tun, werben damit.

16

SPANIEN

AVARCAS

Jedes Jahr wird die gesamte
spanische Königsfamilie
während der Ferien in diesen
Schuhen gesichtet.

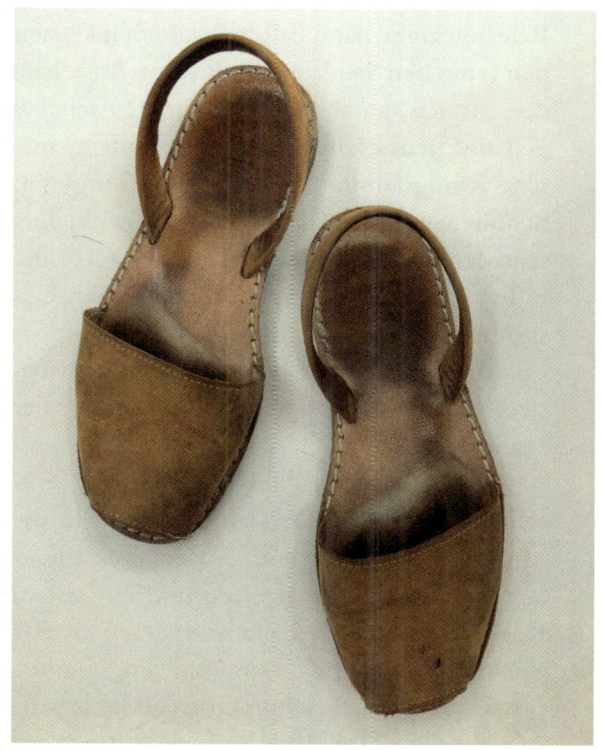

Espadrilles aus Spanien mitbringen kann jeder. Falls es Sie in den Sommerferien auf die Balearen zieht, dann halten Sie doch mal nach den typischen Sandalen der Region Ausschau: den *Avarcas*, auch *Abarcas* oder *Menorquinos* genannt. Jedes Jahr wird die gesamte spanische Königsfamilie in ihren Ferien in diesen Schuhen gesichtet. Es sind einfache Ledersandalen mit einem Riemen an der Ferse, die es für Frauen, Männer und Kinder gibt. Ursprünglich kommen sie von der Insel Menorca, man kann sie aber auch in jedem halbwegs traditionellen Schuhgeschäft auf Ibiza oder Mallorca bekommen.

Zu den Sandalen gibt es keine lange Geschichte. In den 1950er-Jahren begannen die Menorquiner mit dem Anfertigen dieser Schuhe aus alten Autoreifen und einfachem Kuhleder. Das ganze Land war nach dem spanischen Bürgerkrieg arm und ausgebrannt. Davor gab es auch schon einfache Ledersandalen auf der Insel, allerdings mit einer kompletten Ledersohle. Die Sandalen mit der

Gummisohle waren viel billiger, robuster und bei der Arbeit besser zu tragen. Als dann in den 1970er-Jahren der Tourismus auf den Inseln explodierte, wuchs zwangsläufig auch die Produktion. Die konsumfreudigen Feriengäste nahmen sich die Schuhe mit nach Hause, die in ihrer Machart immer wertiger wurden. Mittlerweile sind die zahlreichen Manufakturen der Avarcas wichtige Arbeitgeber auf der Insel. Neben den klassischen Modellen werden viele aufgemotzte Varianten angeboten: Tigerfell, Lackleder, Metallicfarben und jede Menge Muster zieren oder verunzieren heute die Sandalen.

Etwas länger ist die Geschichte der Ledersandalen an sich. Die ältesten gefundenen Schuhe sind ein Paar aus Wüstenbeifuß geflochtene Sandalen. Sie sind 10000 Jahre alt und man fand sie im US Staat Oregon. Der Name Sandale kommt von dem griechischen sandalon, was so viel wie Riemenschuh meint. Große Sandalenträger waren bekanntlich die Römer, die schon bei der Herstellung zwischen rechts und links unterschieden. Zu den großen Geheimnissen der Schuhforschung gehört es, dass dieses Wissen um die zwei verschiedenen Schuhe in den darauf folgenden Jahrhunderten vollkommen verloren gegangen ist. Es dauerte bis zum Ende des 19. Jahrhunderts, bis man aufhörte, zwei identische Schuhe als Paar anzufertigen.

Das erste Schuhmodell der mallorquinischen Marke Camper, die heute jährlich 4 Millionen Paar Schuhe produzieren, war der *Camaleón* aus Autoreifen, Baumwolle und Lederresten - eine Hommage an die bäuerlichen Avarcas.

Heute sind die Avarcas mit dem Label »Avarca de Menorca« von der lokalen Regierung geschützt. Es soll garantiert werden, dass es sich hier um ein Qualitätsprodukt aus einer Manufaktur von der Insel Menorca handelt. Wenn Sie Avarcas in ihrer ursprünglichen Form wollen, ungefärbt und mit der typischen Reifensohle, dann versuchen Sie es einmal in den alteingesessenen Geschäften für Boots- oder Pferdebedarf.

Avracas kosten nie mehr als 50 Euro. Prada hat die Schuhe 2015 in einer kleinen Manufaktur-Kollektion vertrieben, da kosteten sie 850 Euro. Sie haben also 800 Euro gespart und können sich freuen. Das gesparte Geld können Sie für einen kleinen Urlaub auf Menorca ausgeben, außerhalb der Saison Neue Avarcas sind im Preis inbegriffen.

17

UKRAINE

VYSHYVANKA

Die Stickereien gelten als Prophylaxe gegen den bösen Blick.

Mit einem beherzten Ruck schnürt mir die ambitionierte Verkäuferin einen buntgewebten Stoffgürtel um die Taille, dass mir die Luft wegbleibt. Ich stehe, komplett in Tracht gekleidet, in einem Geschäft für ukrainische Volkskunst, in dem nichts nicht dekoriert ist. Später werde ich von ihr fotografiert und bekomme Anweisungen für mein Posing: Hände in die Hüfte, den Blick über die Schulter, leicht seitlich zur Kamera gedreht, Kopf hoch! Schnell ahne ich, was Weiblichkeit in der Ukraine bedeutet.

Unter dem engen Wickelrock mit dem Stoffgürtel trage ich ein langes Leinenkleid, mit voluminösen, bestickten Ärmeln: die *Vyshyvanka*. Eigentlich ist damit nur die Stickerei gemeint, umgangssprachlich hat sich die Bezeichnung aber für alle traditionell bestickten Blusen, Hemden und Kleider durchgesetzt. Die Stickereien gelten als Prophylaxe, die es dem bösen Blick unmöglich macht, an den Körper zu gelangen, weil sie an den Kleideröffnungen platziert sind, an Armen, Ausschnitt und Saum. Neben regionalen Unterschieden bleibt ihr symbolischer Gehalt immer gleich. Geometrische Motive beziehen sich eher auf das Leben, so stehen Kreise für die Sonne und Sterne für das Universum. Blumen und Tiere sind oft rituellen Angelegenheiten vorbehalten und gelten als Symbole der Fruchtbarkeit.

Die Verherrlichung der Weiblichkeit hat in der Ukraine eine lange Tradition. Es gibt Hinweise, dass das Gebiet im Neolithikum matriarchalisch geprägt war. Heute weisen der orthodoxe Marienkult und die Madonnenverehrung in diese Richtung. Selbst der Feminismus ist hier ultra-feminin, wie die Frauengruppen Femen, die 2008 in Kiew gegründet wurde und bekannt ist für ihre Oben-ohne-Aktionen.

Passé scheint die Hyperfeminisierung der Damenmode zu sein, die in der Ukraine lange das Straßenbild beherrschte. Weit und breit sind in Kiew weder als Miniröcke verkleidete Gürtel noch Killerheels zu sehen. Dafür gibt es traditionelle Kleidung in sehr vielfältiger Form zu kaufen. Für einige hängt das Interesse an heimischer Mode mit der Revolution 2013 zusammen. Für das Land, das erst seit 1991 unabhängig ist und sich in einem fast vergessenen Krieg mit Russland befindet, hat die nationale Tracht auch einen patriotischen Aspekt. 2007 wurde von Studenten aus Czernowitz der Vyshyvanka-Tag eingeführt. Jedes Jahr am dritten Donnerstag im Mai trägt man als Ukrainer auf der ganzen Welt seine Tracht bei einem Flashmob, um den Stolz auf die nationale Kultur des Landes zu demonstrieren.

2015 wurde das Kleid zum Modetrend, als es von der ukrainischen Designerin Vita Kin modernisiert wurde und in allen wichtigen Magazinen auftauchte. Spätestens als sich Anna della Russo, eine bekannte italienische Modejournalistin, damit auf Instagram zeigte, war der Bohemian Folk Look gesetzt. Obwohl oder gerade weil er erst im vierstelligen Bereich zu haben ist.

Schon vor diesem Hype haben sich internationale Modehäuser von der Vyshyvanka inspirieren lassen, wie 2015 Valentino. Im Pressetext wurde die Kollektion als »inspired by Russian countryside« beschrieben, was für einige Empörung in der Ukraine sorgte. Heute kann man billige Kopien der Vyshyvanka in jeder Shoppingmall der Welt finden. Das nationale Institut für Anthropologie und Geschichte in Mexiko baut gerade eine Plattform, um Plagiate von Trachten zu sammeln und anzuzeigen. Denn nicht nur Vyshvyankas werden munter ohne Quellenangaben zitiert und kopiert. Da Volkstrachten nicht urheberrechtlich geschützt sind, können Kopisten juristisch nicht belangt werden. Aber zum Glück erreichen sie das Original so gut wie nie.

UNGARN

HUSARENKRUG

Im weitesten Sinne sind die Husaren als bewaffnete Reiter die Cowboys von Europa.

Die Stadt Mezőtúr liegt in der ungarischen Tiefebene unspektakulär irgendwo auf dem flachen Land, das irgendwo weiter in die ebenso flache Puszta übergehen wird. Die typischen osteuropäischen Häuser, eingeschossig und mit Giebeldach, die auf der langen Hauptachse rechts und links in regelmäßigen Abständen die Straße säumen, erinnern in ihrer Eintönigkeit an die endlosen Häuserreihen in Sun City, dem größten Altersheim der Welt in Phoenix, Arizona. In einem dieser unscheinbaren Giebelhäuser befindet sich die Töpferei Busi Kerámia. Das Familienunternehmen hat eine eigene Website, trotzdem können wir leider nur über die Sprache des Geldes miteinander kommunizieren. Dafür habe ich nach diesem Besuch viele schöne Husarenkrüge im Kofferraum. Denn neben den Städten Mezőcsát und Tiszafüred ist Mezőtúr eines der ungarischen Töpferzentren, und somit auch der Husarenkrugproduktion.

Weinkrüge in Form eines Husaren werden in Ungarn *Miskakancsó* genannt. Misca ist die

Koseform von Michael, und Kancsó heißt natürlich Krug. In einigen Gebieten heißt der Wein Misca oder durstiger Misca oder Wein trinkender Misca, Hauptsache was mit »Wein« und mit »Misca«. Der Krughusar sollte einen *Dolman* tragen, eine auf der Brust verschnürte Uniformjacke, und einen prächtigen Husarenhut, den *Shako*. Manchmal kommen die Husarenkrüge mit passendem Becherset daher. Die Becher sind dann Köpfe ohne Hut, aber immer mit Schnurrbart. Den ein ungarischer Husar ohne den schnurrigen Bart ist kein Husar. Im weitesten Sinne sind die Husaren als bewaffnete Reiter die Cowboys von Europa. Von Mezőtúr ist es ja auch nicht mehr weit in die Puszta, wo es nur so wimmelt von wilden Reitern auf wilden Pferden. Fast wie in Arizona.

In der Regel hat der Husar auf seinem Bauch eine Schlange, als Symbol für Gesundheit und ein langes Leben. Beides kann man sehr gut gebrauchen, wenn einem der Wein schon aus dem Hut läuft. Schon seit der Antike werden Schlangen mit Gesundheit in Verbindung gebracht. Weil sie sich häuten können, dachte man, sie würden etwas von der Wiedergeburt verstehen und dem Geheimnis des ewigen Lebens. Mithilfe ihrer Darstellungen wollte man ihre Gunst gewinnen und das Symbol durch diese Dauerpräsenz am Leben halten. Denn man glaubte in den Dörfern Ungarns, dass eine Person so lange lebt, wie andere über sie sprechen. So kam mit jedem Krug Wein auch das ewige Leben auf den Tisch.

Gemacht wurden die Krüge in erster Linie für Hochzeiten und Beerdigungen, aber auch für das Osterfest. In Westeuropa gibt es in einigen Gebieten seit dem Mittelalter eine Tradition für Weinkrüge in Männerform, wie die düsteren Bartmannskrüge aus dem Rheinland. Seit dem 18. Jahrhundert finden sich die englischen *Toby Jugs*, die unschöne, naturalistische Karikaturen von älteren Männern zeigen. Der erste bekannte ungarische Husarenkrug ist nicht so alt, er stammt aus dem Jahr 1824 und kommt aus Hódmezővásárhely. In dem deutschen 1950er-Jahre-Film *Ich denke oft an Piroschka* wird der Ort als »hundsmiserables Saudorf« bezeichnet. Der Film spielt in einem Dorf in der Nähe, und zwar in Hódmezővásárhelykutasipuszta Er handelt von der romantischen Ferienliebe eines jungen Studenten mit Piroschka, der Tochter des Bahnhofsvorstehers, die er nach dieser Romanze nie wiedergesehen hat: »Manchmal meine ich, es war gar nichts – das mit Piroschka. Aber es ist wohl alles gewesen. Alles.« Bei so viel Endzeitstimmung gehört sofort ein durstiger Misca auf den Tisch. Egészségére! Prost!

19

ARMENIEN

CHURCHKHELA

Man nennt sie Churchkhela in
Armenien, Tschurtschchela in
Georgien, aber nur ihr türkischer
Name verrät, worum es geht:
Cevizli sucuk, Wurst aus Walnüssen.

Viele Souvenirs verlieren zu Hause ihren Reiz und landen unbeachtet in der Ecke, bevor sie endgültig in den Müll kommen. Stangenweise habe ich früher Zigaretten mit hübschen Verpackungen und verheißungsvollen Namen wie »Safari« oder »Embassy« oder »Alain Delon« mit nach Hause gebracht und zügig feststellen müssen, dass es übles Kraut gewesen ist, das ich da wochenlang begeistert geraucht hatte. Mit dem Rauchen ist es nun vorbei, aber die Skepsis ist geblieben. Genussmittel sind abhängig von subjektiver Wahrnehmung, also ist es besser, sich auf harte Fakten zu besinnen. Und da schneidet die armenische Nusswurst hervorragend ab.

Man nennt sie *Churchkhela* in Armenien, *Tschurtschchela* in Georgien, aber nur ihr türkischer Name verrät, worum es geht: *Cevizli sucuk*, Wurst aus Walnüssen, schließlich wird die Süßigkeit ja auch in Scheiben gegessen. Sie besteht aus Nüssen, die auf einen Faden aufgezogen, in eine Art Kuvertüre aus Traubensaft ohne Zucker getunkt werden und dann zwei bis drei Monate trocknen. Ein einfaches Rezept, das am Ende sehr fruchtig und sehr sauer schmeckt und dank der vielen Nüsse auch noch satt macht. Eine naturbelassene Vitaminbombe, bei der auch Veganer zugreifen können.

Die ehrliche und zeitgemäße Fruchtsüßigkeit wird in der Regel zusammen mit *Pastegh* angeboten, einer Art Fruchtrolle, für die gekochtes Fruchtmus sehr lange gekocht, dünn ausgestrichen und getrocknet wird. Manche nennen es armenisches Fruchtleder, was leider gar nicht lecker klingt.

Diese beiden Süßwaren findet man in Armenien und Georgien überall, also auf jedem Markt und vor jedem größeren Kloster. Da hängen die Nusswürste wie Vorhänge über den Verkaufstischen, die sich unter den Bergen der eingerollten Pastegh biegen.

Wem das alles zu gesund ist, für den halten die Armenier auch andere Trockenobstspezereien bereit. Es sind diejenigen, die literweise mit armenischem Weinbrand getränkt sind. Diese Spezialität wird natürlich nicht vor den

Klöstern angeboten. Auf dem Markt in Yerevan scheinen die Verkäufer selbst oft ihre besten Kunden zu sein und haben wohl ab und an etwas zu tief in die Frucht gebissen. Die Stimmung ist gut und für jedes Produkt, das man bei ihnen kauft, gibt es gleich einen Weinbrand aufs Haus.

Der bekannteste Liebhaber des armenischen Weinbrands war Winston Churchill.

Gefragt nach dem Rezept für sein langes Leben, soll er angeblich geantwortet haben: »Kubanische Zigarren, armenischer Cognac und kein Sport!« Die Geschichte dazu ist wahrscheinlich eher ein moderner Mythos als historische Begebenheit: Churchill war so begeistert von dem armenischen Weinbrand der Marke Ararat Dvin, den ihm Stalin 1945 auf der Konferenz von Jalta angeboten hatte, dass dieser ihm daraufhin jährlich 400 Flaschen schickte. Wahr oder nicht, eine 70 Jahre alte Flasche Ararat aus einem der Fässer, die auch den Weinbrand für Stalin lieferten, brachte 2015 bei Sotheby's 120 000 Dollar.

Auf der ganzen Welt gibt es circa elf Millionen Armenier, und nur drei Millionen davon leben in Armenien. Der älteste christliche Staat der Welt findet heute vor allem in der Diaspora statt. Hier leben auch berühmte Armenier wie André Agassi, Cher, der Komponist Michel Legrand oder die Kardashians. »Wenn zwei Armenier aufeinandertreffen, irgendwo in der Welt, dann gründen sie sofort ein neues Armenien«, schrieb der Schriftsteller William Saroyan. Warum sie die Churchkhela nicht in die Welt mitgenommen haben, bleibt ein Rätsel.

20

BANGLADESCH

LUNGI

Die Lungis haben so verheißungsvolle und rührende Markennamen wie »Big Boss«, »Future Lungi« oder »Winner«.

Zugegeben, Bangladesch ist nicht das klassische Urlaubsland, man denkt an einstürzende Textilfabriken, Armut und Überbevölkerung, weniger an eine angenehme Ferienzeit. In der Hauptstadt Dhaka, einer schnell wachsenden 15 Millionen Metropole, gibt es keine nennenswerten öffentliche Verkehrsmittel. Ein niemals endender, lärmender Tross aus Fahrradrikschas, Tuk-Tuks, Autos und Bussen bewegt sich Stop-and-Go durch die überfüllten Strassen. Aber zwischen all dem Chaos strahlen die Einwohner eine Ruhe und Freude aus, als würden sie gerade Cocktails trinken auf Hawaii.

Einen besonderen Job in diesem Verkehrs-Inferno machen die Fahrer der Fahrradriksschas, die aufs liebevollste mit bunten Plastikborten, Bezügen und Bildchen aufgepimpt wurden. Auf der Rückseite der Wägelchen sieht man, neben Blumen und Vögeln, dicke Männer mit dicken Pistolen und Frauen mit großen Frisuren. Die Wagen erinnern an die sizilianischen Caretti, sind aber natürlich viel besser, weil sie keine Folklore sind, sondern Alltagskultur.

Fast noch besser als die Wagen sind die Outfits der Fahrer. Als Rikschafahrer in Dhaka trägt man einen karierten oder gestreiften Lungi, das ist ein traditioneller Baumwollrock, der wie ein Schlauch geschnitten ist und vor dem Bauch in einer einfachen Einschlagtechnik gebunden wird. Dazu ein einfarbiges oder gemustertes modernes Oberteil und auf den Schultern ein meist kariertes Tuch, um den Schweiß abzuwischen. Die Kombinationen sehen so gut aus, dass man für einen ganz kurzen Moment auch Rikschafahrer sein möchte.

Lungis werden in erster Linie von Männern, und nur in sehr ländlichen Gebieten auch von Frauen, getragen. Es gibt sie in Indien, Sri Lanka, Pakistan, Nepal, Burma, Kambodscha und Thailand, und in Djibouti und Somalia. Gewickelte und drapierte Stoffe, wie der Lungi, Sari oder Sarong, sind die meistgebräuchliche Form der Kleidung in Südasien.

80 Prozent der Männer in Bangladesch tragen heute Lungis nur noch zu Hause, die meisten sind in der Öffentlichkeit auf Hosen umgestiegen. Nur die Rikschafahrer nicht, auch weil es für diesen anstrengenden Job die perfekte Bekleidung ist.

2013 wurde den Fahrern in Dhakas Diplomatenviertel Baridhara von der Baridhara Housing Society, einer Organisation der Hausbesitzer des Viertels, das Lungitragen verboten. Sie sollten nur noch in Hosen in das Viertel fahren dürfen. Es gab daraufhin einen Protest gegen diese üble Kolonialherren-Idee, den Lungi March. Als sich der damalige US-Botschafter Dan Mozena dann mit einem Lungi vor seinem Haus zeigte, beruhigten sich die Bewohner der Nobelvororte wieder. Dabei haben die Lungis eigentlich so verheißungsvolle und rührende Markennamen wie »Big Boss«, »Future Lungi« oder »Winner«.

Die meisten von ihnen werden in der Region Sirajganj, im Nordosten von Dhaka gefertigt. Je besser ein Lungi ist, umso leichter ist er. Die einfachsten und schwersten Varianten sind meistens so gestärkt, als wären sie aus Glanzpapier. Ein Effekt, der nach dem Waschen komplett verschwindet.

Machen Sie den Bengali die Freude und tragen Sie ihren Lungi gleich vor Ort. Die Herzen werden Ihnen zufliegen. Und lassen Sie den Begriff »Lungi Dance« fallen, womit ein sehr erfolgreicher indischer Dance-Hit gemeint ist. Ich verspreche Ihnen, die Begeisterung wird keine Grenzen kennen. Als hätten Sie gerade die Staatsbürgerschaft angenommen, für dieses arme, überfüllte, aber charmante Land.

21

TIGERMÜTZE

Durch das Tragen von Mützen in Form eines Tigerkopfes sollen die Mächte des Bösen glauben, es handle sich hier um ein furchterregendes Tier, einen echten Widersacher und kein hilfloses Wesen.

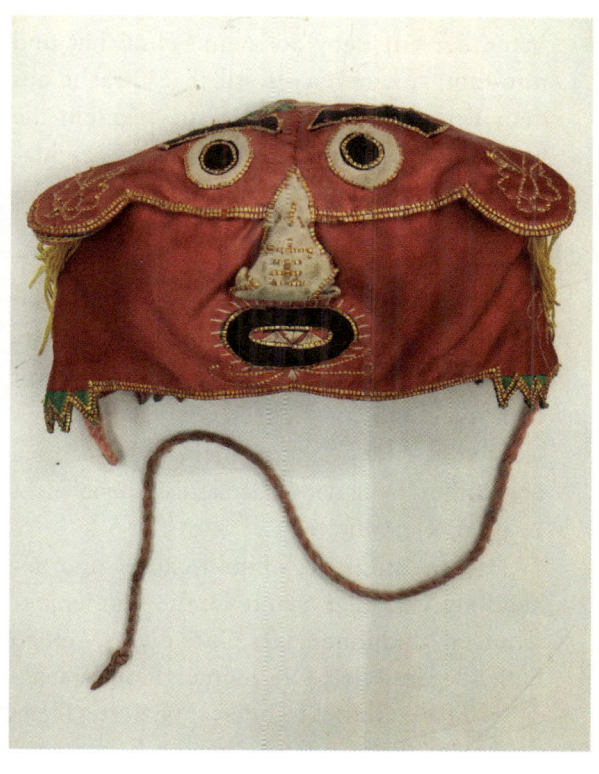

Seit über acht Stunden sitze ich nun schon in dem südchinesischen Überlandbus neben einem Vater, der ein Baby auf dem Schoß hat und mit ihm zusammen in stiller Eintracht aus dem Fenster sieht. Ab und zu wechseln die beiden ihre Position, ab und an wird geschlafen und leise miteinander kommuniziert. Das Baby ist vielleicht eineinhalb Jahre alt und hat außer ein paar Lauten der Zufriedenheit noch nicht viel Unruhe gestiftet. Solche Szenen erlebe ich oft in China, auch in den Nachbarländern geht es meistens entspannt zu mit dem Nachwuchs. Schreiende Terrorbabys scheint es hier nicht zu geben. Manchmal überkommt mich der Gedanke, dass es vielleicht an ihrer Kleidung liegt.

Die traditionelle, chinesische Kinderbekleidung ist voller Symbole, die Kinder beschützen und ihnen alles Gute dieser Welt zu Füßen legen sollen. Die zentrale Rolle spielen dabei Tiere. Gestickte oder applizierte Tiger, Drachen, Fische oder Schweine findet man vor allem auf Mützen, Kragen, Schuhen und auf den Füßlingen der Babystrampler. Während zarte und sanfte Tiere wie Schmetterlinge, Fische oder Vögel für Glück, Geld, Intelligenz und Gesundheit zuständig sind, sorgen die Raubtiere für den Schutz.

Besonders wichtig ist die Tigermütze für Babys und Neugeborene. Durch das Tragen von Mützen in Form eines Tigerkopfes, in der Regel den Jungen vorbehalten, sollen die Mächte des Bösen glauben, es handle sich hier um ein furchterregendes Tier, einen echten Widersacher und kein hilfloses Wesen. Die Täuschung des Bösen ist eine Funktion, die andere ist die Stärke und Kraft, die den Tiger als Schutzsymbol in China bis heute so populär macht.

Vor fünfzig Jahren waren die Mützen oft riesige Gebilde, die sich auf den Köpfen der Kinder auftürmten. Mit langem Schweif, großen Ohren, viel Silber, viel Troddeln und viel Charakter. Auf manchen Mützen sehen die Schnauzen der Tiger aus wie die langen Nasen der Langnasen aus dem Westen und die

Münder wie menschliche Lippen. Schief aufgesetzte Augen und Ohren, oder Augen am Hinterkopf erinnern an Picassos kubistische Porträts.

Heute werden solche Mützen und Schuhe auch maschinell als Massenware produziert. Natürlich ist es ein Unterschied, mit welcher Intention eine Mütze hergestellt wurde, ob für den Eigenbedarf oder den Verkauf. In der Regel dauert es fünf Tage, eine Mütze komplett mit der Hand anzufertigen.

Wenn Sie eine Tigermütze mitbringen wollen, die nicht in großer Stückzahl produziert worden ist und kein Karmadefizit aufweist, dann müssen Sie schon etwas Aufwand betreiben. Auf dem Land und bei den Ethnien in Südchina können Sie Glück haben und noch Frauen treffen, die sie in eigener Handarbeit herstellen. Aber mittlerweile ist selbst im hintersten Winkel des Landes Produktivität Trumpf. Jedes Dorf hat seine eigene Stickmaschine, die den ganzen Tag, im Takt zu lauter Technomusik, auf Hochtouren läuft.

Im Nachbarland Thailand hat man noch vor einigen Jahren die Trachten der Minderheiten aus Südchina zerschnitten, um aus den hübsch bestickten Stoffteilen Taschen für die Touristen zu machen. Im Zuge dessen wurden aus den Tigermützen Kulturbeutel mit Reißverschluss. Das hat man gelassen, als die Mützen rarer wurden und die Preise stiegen. Heute sind solche Artefakte zu teuer, um sie in schnöde Alltagsgegenstände zu verwandeln. Außerdem ist der Gebrauchswert der Mützen für alle mit einem bisschen Sinn für Hokuspokus nicht zu unterschätzen. Taschen kann schließlich jeder.

22

UIGURISCHE SEIDE

Ob beim Verkaufen von Hammelköpfen oder beim Werfen des Nudelteiges: Seide muss sein, und zwar immer.

Hilflos lächelnd hält mir die Rezeptionistin im Huayu International Hotel ihr Smartphone mit Übersetzungs-App unter die Nase. Auf dem Telefon steht »Hallo«. Ihre Kolleginnen reden aufgeregt durcheinander, ab und zu sehen sie schüchtern zu mir herüber. In das ständig von Sandstürmen geplagte Hotan am Rande der Taklamakan-Wüste verschlägt es nicht viele Touristen aus dem Westen. Noch dazu ganz ohne Gruppe, was für Chinesen eine unvorstellbare Sache ist.

Hotan liegt an einer der südlichen Routen der Seidenstraße in der chinesischen Unruheprovinz Xinjiang. Das Gebiet im früheren Turkistan wird von den Uiguren auch Uiguristan genannt. Offiziell heißt es »uigurisch autonomes Gebiet Xinjiang der Volksrepublik China«, wobei mit dem Wort »autonom« die Uiguren nicht gemeint sein können.

Ich bin gekommen, um mir die Herstellung der Ikatseiden anzusehen, die hier ähnlich wie in Usbekistan noch von Hand gefärbt und gewebt werden. Ikatstoffe entstehen durch das Batiken und Färben des Garns, bevor ein Stoff verwebt wird. So ist das fertige Muster auf dem eingerichteten Webstuhl schon zu erkennen. Das Wort *Ikat* kommt aus dem Indonesischen und meint so viel wie »Abbinden«. Es gibt Ikatstoffe auf der ganzen Welt, die Zentren liegen in Indonesien, Japan und Zentralasien. Während viele einen doppelten Ikat herstellen, bei dem sowohl der Kett- als auch der Schussfaden eingefärbt wird, werden in Zentralasien nur die Kettfäden behandelt.

In der Seidenmanufaktur von Hotan geht es so gemächlich zu wie selten in China. Mit einer angenehmen Wurschtigkeit gehen die Arbeiter ihren Jobs nach und lassen sich wenig von den emsig fragenden chinesischen Touristengruppen beeindrucken.

Auch wenn hier sehr schöne Textilien gefertigt werden, interessanter sind die Alltagsstoffe der Uigurinnen, die rund um die Uhr getragen werden und die es überall zu kaufen gibt. Sie sind aus sehr feinem und hochwertige Crêpe de Chine und maschinell mit traditionellen Ikatmustern bedruckt. Ob beim Verkaufen von Hammelköpfen oder beim Werfen des Nudelteiges: Seide muss sein, und zwar immer. Wie Wasser fließt sie den Körper herunter oder, neuester Trend, spannt sich mit einer Tonne aufgeklebter Strasssteine um den Leib.

Die Stoffe für ihre Alltagsgarderobe kauft die gutbürgerliche Uigurin in Seidengeschäften, in denen die extrem glitschigen Stoffe auf großen Rollen an den Wänden hängt. Die Läden sind immer voll mit kaufwilligen Frauen, die viel davon verstehen, was sie schöner macht. Laut den Regeln des Islams dürfen muslimische Männer keine Seide am Körper tragen, Frauen aber schon. Das wird hier bis zur letzten Faser ausgekostet.

Diese wunderbare Putzsucht führt dazu, dass es in den Waschräumen der Restaurants in Xinjiang zugeht wie in der Garderobe des Wiener Opernballs. Lagen von leichter golddurchwirkter Seide als Kopftücher, Schmuck, soweit das Auge blickt, goldenes Schminkwerkzeug und immer wieder Ikat. Mit meiner schlichten Baumwollbekleidung fühle ich mich daneben wie eine Staubmaus. Dachte ich doch vorher, hier würde ich vor allem düster dreinblickenden Frauen mit schwarzen, schweren Hidschabs begegnen.

Der größte Hersteller dieser Seidenstoffe heißt Ozturk und kommt aus Hangzhou, dem historischen Zentrum der chinesischen Seidenproduktion. Zweimal im Jahr gibt es eine neue Kollektion, die auch von den meisten getragen wird. Seide aus der letzten Saison ist hier nicht en vogue. Es gilt die alte Regel: Trachten und Traditionen sind nicht immer nur traditionell, sondern gehen gern mit der Mode.

23

DER WAMAO

»Waahhhhh« schreit er mit offenem Maul und riesigen Zähnen, während er auf der Mitte des Dachfirstes sitzt und alles Böse in sich hineinfuttert.

Meistens schaue ich in leicht angewiderte Gesichter, wenn ich erzähle, dass ich gerade in China gewesen bin und wie schön es gewesen ist. Zum Glück haben die wenigsten Langnasen eine Ahnung davon, dass das wahre Südostasien in Südwestchina liegt, und nicht am Strand von Kho Pangan. Als Tourist aus dem Westen kann man hier noch genau das finden, was man sucht, bevor man es zerstört.

Die Hauptstadt der Provinz Yunnan ist Kunming, die nicht ohne ihren Untertitel »Stadt des ewigen Frühlings« auszukommen scheint. Bis in die 1920er-Jahre hatte sie den schönen Namen Yunnan Fou. In Yunnan leben 36 verschiedenen Volksgruppen, ein Besuch des Yunnan Nationalities Museum liegt da auf der Hand. Im Museumsshop gibt es eine stattliche Zahl neuer und alter Dachfiguren zu kaufen, die in China traditionell auf den Sims gestellt werden, um das Haus zu stabilisieren und vor bösen Geistern zu beschützen. Man glaubte und glaubt in vielen Orten des Landes, dass die für uns nicht sichtbare Welt, also vor allem die Luft, komplett mit Geistern aller Art bevölkert ist. Neben guten und schlechten Geistern, auch Götter und die Seelen der Toten, die sich jederzeit bemerkbar machen können. Da muss man natürlich was tun, wenn man für Ruhe und Frieden sorgen möchte und das Glück zu Hause sein soll.

In Yunnan ist es vor allem die Figur des *Wamao*, die den Job der Hausüberwachung übernimmt. Der Wamao ist eine Katze, die früher einmal ein Tiger gewesen ist, aber auch als Katze noch wild gefährlich aussieht. »Waahhhhh« schreit er mit offenem Maul und riesigen Zähnen, während er auf der Mitte des Dachfirstes sitzt und alles Böse in sich hineinfuttert.

Wamaos werden in Kunming und der Nachbarstadt Yuxi von den Töpfern für Dachziegel in etwa zwei Stunden hergestellt. Weil sie so lustig furchterregend aussehen und die Nachfrage immer größer wurde, werden sie seit einigen Jahren auch als Souvenirs verkauft, die circa 20 Euro kosten, je nach Größe natürlich. Echte, ältere Wamaos gibt es ab ungefähr 50 Euro aufwärts. In Kunming haben sie immer zwei Accessoires. Das chinesische Zeichen 王, das König bedeutet und auf dem Kopf der Katze angebracht ist. Und ein rundes Schild, das der Wamao mit seinen Händen und Füßen festhält. Auf dem Schild sind die acht Trigramme abgebildet, die *Bagua*, Orakelzeichen und Orientierungsmodelle des Taoismus. Sie stehen für ein Prinzip in der Realität und können in ihrer Kombination den Verlauf einer Handlung vorhersagen. Verwendet wurden sie vor allem im *I Ging*, dem Buch der Wandlung, aus dem 3. Jahrtausend vor Christus.

Die Menschen in Yunnan glauben tief an die geheime Bedeutung des Wamao. Wer sich ein neues Haus baut, braucht auf jeden Fall eine Dachkatzen-Zeremonie, und die geht so: Man sucht sich einen astrologisch günstigen Tag, bestellt sich den lokalen *Koradji*, den Magier, und kauft sich einen Hahn. Dann flüstert der Koradji dem Hahn alles zum Thema Geistervertreibung und Glück ins Ohr, beißt ihm seinen Kamm ab und verteilt das Blut auf dem Wamao. Zum Schluss wird die Katze mit Früchten und Samen gefüttert, Papier wird verbrannt und der Hahn getötet. Und dann ist der Wamao voller Kraft und Leben. Bevor er seinen Platz auf dem Dach bezieht, muss ihn noch jeder, der in dem Haus wohnen wird, berühren.

Peter Goullart, ein russischer Autor und Reisender, der in den 1940er-Jahren lange in Yunnan lebte, bringt es in seinem großartigen Buch *Forgotten kingdom* auf den Punkt: Ein Fremder, der nicht im Besitz des sechsten Sinnes ist, wird in China eine harte Zeit haben. »Waahhhhh!«

24

GEORGIEN

WOLLSTRÜMPFE

Die bunt gemusterten Stricksocken sind ein klassischer Fall von Globalisierung vor den Zeiten der Globalisierung.

Wer schon einmal auf dem Balkan oder in Osteuropa gewesen ist, wird die Strickstrumpf-verkäuferinnen kennen, die ihre selbst gemachten und weniger selbst gemachten Waren auf wackeligen Holztischen an den viel befahrenen Hauptstraßen zum Verkauf anbieten. In der Hoffnung, ein Auto voller Touristen, oder noch besser ein ganzer Touristenbus, entlädt seine kaufkräftige Klientel direkt vor ihrer Nase.

Neben der Hoffnung gibt es die Sehn-sucht, und die richtet sich oft auf einen ent-fernten Ort. Arkadien ist immer anderswo, und während wir im Westen vom wilden Kaukasus träumen, fantasiert man in Georgien vom reichen Amerika. Dieser Gedanke drängt sich auf, wenn man die gestrickten Waren der kaukasischen Touristenindustrie genauer betrachtet. Denn hier hat sich neben der tra-ditionellen Wollsocke ein neuer Typus Strumpf aus flauschigem Acrylgarn entwickelt, der durchaus in der nächsten Winterkollektion von Gucci Furore machen könnte. Da rieselt es fette Dollarnoten, Flamingos stehen im

Sonnenuntergang, Weinreben ranken sich um Schäferhunde und bunte Vögelchen in saftiger Natur. Fein säuberlich hängen sie mit den anderen Socken zusammen, den langweiligen, grobmaschigen, die mit dicker Nadel schnell gestrickt wurden und so kratzig sind, wie sie aussehen. Als williger Kunde muss man sich entscheiden zwischen matt und brav oder fancy und amüsant. Da soll noch einmal ein Tourist aus dem Westen die Nase rümpfen über die Liebe seiner Gastgeber zu Blingbling und Glanz und Gloria.

Diese selbst gestrickten Socken sind die Nachkommen der traditionellen *Jorabs*. Das Wort ist aus dem Arabischen und meint, oh Wunder: Socken. Es gab sie im Kaukasus, auf dem Balkan, im Iran, Zentralasien, in der Türkei und in den Bergen des Pamirs und Pakistans. Die bunt gemusterten Stricksocken sind ein klassischer Fall von Globalisierung vor den Zeiten der Globalisierung. Wie in der Schule hat man auch in der Volkskunst immer schon gern auf das Blatt des Nachbarn geschielt. In diesen Regionen hatten sie von allem immer mehr als genug: Viele Nachbarn, viele Kriege, viel Bewegung und viel Migration. Kein Wunder, dass die georgischen Jorabs aussehen wie die bulgarischen oder die türkischen wie die aus Albanien.

Strickstrümpfe waren oft ein wichtiger Bestandteil der Garderobe, da die Schuhe in der Regel offen waren und die Hosen selten bis zum Knöchel gingen. Alles, was man sehen kann, wird in der Tracht natürlich dekoriert. Umgekehrt wird aber auch selten etwas geschmückt, was nicht zu sehen ist. Traditionell kommen die Muster der Strümpfe aus der Teppichweberei, ebenso wie die Wolle und die Färbefarben. Auch hier ist Effizienz Trumpf.

Georgiens Wirtschaft setzt auf Tourismus und Weinanbau. Wer das Land bereisen will, sollte viel Sitzfleisch haben, denn Straßenbau steht nicht sehr weit oben auf der Liste. Dafür ist am Wegesrand immer was los. Neben den Ständen für Socken, Brot und Allerlei trifft man oft auf die Erzeuger der Wolle. Und in

Georgien ist nach der Schafherde vor der Schafherde, genauso wie nach der Strumpfbude vor der Strumpfbude ist. Also kein Stress, wenn Sie nicht sofort so schicke Flamingosocken finden. Die nächste Strumpfoma kommt bestimmt.

25

JOSS PAPER

Beam me up, Scotty!
Die Idee, Materie aufzulösen,
um sie zu verschicken, gibt
es nicht erst seit Raumschiff
Enterprise.

Die Idee Materie aufzulösen, um sie zu verschicken, gibt es nicht erst seit *Raumschiff Enterprise*. In China, Vietnam und Taiwan versorgt man seine Toten durch das Verbrennen von Papiergeld und naturgetreuen Papp-Repliken von Konsumgütern. Damit sie im Jenseits ein angenehmes Leben haben, so wie man sich das von hier aus eben so vorstellt.

Man nennt diese Papierobjekte *Joss Paper*. Joss kommt aus dem Javanesischen und meint so viel wie Geist. Im chinesischen Taoismus und Konfuzianismus wird Geister- oder Höllengeld, wie es auch genannt wird, seit dem 19. Jahrhundert verbrannt, um damit im Jenseits zu helfen. Der Gott der Toten sollte bezahlt und gnädig gestimmt werden, falls der Verstorbene Schwierigkeiten mit dem Totengericht hatte.

In der Unterwelt bezahlt man heute mit Hongkongdollar, US-Dollar oder Yuan, ausgestellt von der »Bank of Heaven on Earth«. Die Scheine sind in der Regel mit einem Bildnis des Jadekaisers Yu Di geschmückt, einem der wichtigsten Götter in der chinesischen Mythologie. Echtes Geld zu verbrennen würde übrigens nicht funktionieren, da es nur in nachgemachter Form ins Jenseits gelangen kann. So glaubt man es zumindest in China, und zwar schon sehr lange. Im chinesischen Altertum war es üblich, den Verstorbenen Repliken von Goldmünzen aus Ton mit in ihr Grab zu legen, keine echten Münzen. Der chinesische Kaiser Ying Zheng ließ sich 210 v. Chr. eine ganze Terrakottaarmee bauen, die ihm im Jenseits zur Seite stehen sollte.

Besonderes beliebt ist diese Art Geld- und Warensendung zum Qingming-Festival, dem chinesischen Totengedenktag. Oder zum Fest der hungrigen Geister, zu Beerdigungen und zum Geburtstag des Toten. Oder einfach so, als kleine Aufmerksamkeit aus dem Diesseits.

Mit dem Einsetzen der chinesischen Massenproduktion in den 1990er-Jahren kam Schwung in die Joss-Paper-Industrie. Und zwar in Form von Konsumartikeln, die das Leben drüben nicht nur angenehmer machen sollten, sondern besser, als es auf Erden je gewesen ist. Neben Rasierapparaten, Telefonen und Reisepässen gibt es heute also auch Zigaretten, Bier und Kondome. Und Markenprodukte, bevorzugt von Louis Vuitton, Gucci, Chanel und Apple.

Der bekannteste Platz, um Joss Paper zu kaufen, ist Hongkong. Die Spezialgeschäfte für das Jenseits befinden sich auf der Queens Road West, im Bezirk Sheung Wan. Angeblich verkaufte man hier schon Uhren von Apple, als sie noch nicht auf dem Markt gewesen sind. Der Blog *Hongwrong* stellt die seltsamsten Objekte vor. Dazu gehören ganze Mahlzeiten aus Papier, Massagestühle, Klimaanlagen, Hochhäuser, Gebisse und Viagra. Menschenfiguren als Butler oder Pin-Ups sind auch beliebt. Da Glücksspiel im Reich der Toten erlaubt zu sein scheint, gibt es Roulettetische und Daddelautomaten. Und man treibt Sport (und wohl kaum für ein längeres Leben). Fahrräder und Tennisschläger können schon länger Verstorbene wenigstens auch bedienen.

Aber woher soll Opa, der vor dreißig Jahren gestorben ist, wissen, was ein iPhone ist?

Wie in der realen Welt gibt es auch im Jenseits einen Trend zur Gigantomanie. Noch fährt man keine SUVs, aber dafür meterlange Papierautos, natürlich von Mercedes. Für besonders große und detailgetreue Spezialanfertigungen wandern dann auch mal 200 Dollar (in echt) über den Tresen.

Besonders nützlich scheint mir allerdings das First-Class-Ticket der »Hell & Paradise« Airline zu sein. First class mit der »Air to heaven« ins Papierparadies. Fuck Reality, ich freue mich jetzt schon auf das Leben danach.

26

LACKLÖFFEL

Der Lack ist aus einem Harz,
das Tausende von Lackschildläusen
ausgeschieden haben.

»Hier ist es«, sagt der Taxifahrer und lässt uns an einem kleinen, unwirtlichen Platz am Rande des Dorfes Nirona aussteigen. Um uns herum stehen einfache Steinhäuser, shabby, aber nicht chic, weit und breit ist keine Menschenseele zu sehen. Vor einer lustig rot bemalten Einraumbaracke steht ein unscheinbares Eisengestänge. Es ist eine kleine, mobile Handdrehbank und der Grund, warum ich hier bin.

Auf einmal kommt Leben in die Ödnis. Innerhalb weniger Minuten bevölkert sich die Szenerie wie in einem Theaterstück. Menschen kommen und gehen, Stühle werden gerückt und Fenster geöffnet. Eine Horde Kinder setzt sich in eine Reihe und legt kleine, bunte Waren auf die vor ihnen ausgebreiteten Tücher. Es hat sich anscheinend schnell herumgesprochen: Kundschaft ist da.

Ein schlecht gelaunter, wohlgenährter Inder kommt ins Bild, setzt sich an die Drehbank und zeigt mir, wie das geht: Lackieren ohne Pinsel. Der Handwerker spannt gelangweilt einen Holzlöffel in die kleine Drehbank, die er mit den Füßen in Schwung hält. Er hält ein festes Stück Lack an das sich drehende Holz, das sich sofort einfärbt. Für die Marmorierung überzieht er eine Stelle mit zwei verschiedenen Lacken und zieht dann mit einem spitzen Gegenstand und etwas Öl ein Muster hinein.

Der Lack ist aus einem Harz, das Tausende von Lackschildläusen ausgeschieden haben. Es sind die Kerria lacca, deren Produkt man an den Stämmen der arabischen Gummibäume finden kann, die es hier in der Region gibt. Das Harz wird erhitzt und mit Erdnussöl und Farbe zu einer Art weichem Wachsmalstift geformt. Seit Jahrhunderten wird dieses natürliche Material für Lackarbeiten verwendet.

Nirona liegt in der Region Kutch, am westlichen Ende von Gujarat, dem reichen Vorzeigestaat Indiens, aus dem viele Politiker und Wirtschaftsgrößen des Landes kommen. Kutch, nahe der pakistanischen Grenze und nahe der Salzwüste Rann, nennt man dagegen den Wilden Westen Indiens. Hier leben viele verschiedene Völker, die vor einigen Generationen aus Pakistan und Afghanistan gekommen sind. Sie alle sind für ihre Spitzenleistungen im Kunsthandwerk bekannt. In wirklich jedem Dorf findet man ein anderes Handwerk, wie Batik, Blockprint oder Weberei. Nirona ist bekannt für Rogan, eine Art gemalter Stickerei mit dickflüssiger Farbe und für die saftig glänzenden Holzlackarbeiten. Die Handwerker sind Angehörige der Vadha aus Pakistan. Ihre Schreiner und Drechsler waren lange Zeit Seminomaden, die von Dorf zu Dorf zogen und ihre Dienste anboten. Diesem Zweck diente auch die mobile Drehbank, die bis heute benutzt wird.

Neben den Löffeln werden auch andere Haushaltsgegenstände mit den Lackarbeiten dekoriert. Im weitesten Sinne bezieht sich das Brauchtum und Kunsthandwerk in Kutch auf den Tod, die Mitgift und die Ehe. Da macht so eine Kochlöffelproduktion durchaus Sinn.

Zum Ende der Führung zeigt mir der immer noch mies gelaunte Handwerker sein Haus.

In dem fast komplett leeren Raum der von außen so lustig bemalten Baracke steht an der hinteren Wand ein Regal. »Das ist mein Bett«, sagt er und zeigt auf einen kleinen Stapel alter Quilts, die in dem Regal liegen. Im Fach daneben steht ein alter Fernseher. Der restliche Hausstand besteht aus einem Koffer, einer Blechtruhe und Blechgeschirr. Es ist hier durchaus üblich, dass sich alles in einem Raum abspielt. Die Höhe und Pracht eines Deckenstapels ist für viele Völker Vorderasiens ein Zeichen von Wohlstand und Prestige, vergleichbar vielleicht mit einer Designercouch bei uns. Und nur weil im Nachbarhaus der Deckenstapel etwas höher ist, muss der Mann ja nicht gleich so schlechte Laune haben. Wer weiß, was für eine Lacklaus ihm über die Leber gelaufen ist.

27

VOTIVPFERDE

Die Pferde dienen als Votivgaben für Wünsche jeder Art: Gesundheit, Kinder, Liebe, Geld – was man sich eben so wünscht.

So wie der Weg oft das Ziel ist, so kann ein Souvenir die ganze Reise sein. Beim Lesen eines sehr empfehlenswerten, weil ungemein akribisch ausgearbeiteten Atlas über indisches Kunsthandwerk blieb ich an einem beeindruckendem Foto hängen, auf dem eine sehr große Herde Tonpferde zu sehen war. Sie befand sich in einer idyllischen Savannenlandschaft unter einem Baum. Die Pferde waren lang und dünn und hatten kreisrunde Münder. Manche sahen aus wie indische Giacometti-Figuren aus Ton, andere waren bemalt und naturalistisch ausgearbeitet. Tonpferde so weit das Auge reicht. Da wollte ich unbedingt hin.

Die Terrakottapferdeherde von Poshina ist die größte Ansammlung an Tonfiguren neben der Terrakottaarmee in China. Es ist ein noch unbekanntes touristisches Highlight in der indischen Einöde, im Norden der Provinz Gujarat. In dieser schwer zu erreichenden Gegend haben sich die Einheimischen bis heute ihren Aberglauben und ihre eigenen Götter bewahrt.

Die Pferde dienen als Votivgaben für Wünsche jeder Art: Gesundheit, Kinder, Liebe, Geld, was man sich eben so wünscht. Es sind meist besondere Anlässe, persönliche Feiern oder Feste wie Diwali oder Holi, an denen man sich so ein Votivpferd gönnt.

Die Pferde werden in einer spirituellen Zeremonie dem Gott Bavesingh geopfert, dessen Geist, so glaubt man, noch immer in den Bergen von Poshina lebt. Es gibt acht Herden, die sich hier an den Kultstätten in der näheren Umgebung befinden. Traditionell liegen diese Naturschreine auf Hügeln, unter Bäumen oder an Flussbiegungen.

Mit der Pferdebestellung beim ortsansässigen Töpfermeister geht es los. Für kleinere Wünsche werden die Pferde zusammen mit Hühnern, Reis, Geld oder anderen Spezereien an der Kultstätte platziert. Bei größeren Bestellungen an den Gott werden Familie, Freunde, Priester und Musiker eingeladen. Nach dem Opferfest und den Gebeten soll sich im Inneren des Pferdes der Geist dieser

Aktion und auch des Wunsches befinden, der von der Gottheit aufgesaugt und gehört wird. Die Pferde sind die Boten, nicht das Geschenk, deshalb können sie an den Kultstätten nach der Zeremonie in Ruhe verrotten.

Es sind vor allem Stämme der Adivasi und der Garasia, die Farmer und Tierzüchter sind, die hier den Kult mit den Pferden betreiben. Sie gehören zu den zentralasiatischen Reitervölkern, die zwischen 450 v. Chr. und 250 n. Chr. nach Indien gekommen sind. Daher auch die Liebe zu den Pferden.

Der Schrein von Bakhar Babji hat die größte Pferdeherde. Sie wurde vor einiger Zeit an einen weniger spirituellen, aber leichter zugänglichen Ort umgesiedelt, warum ist unklar. Die Regierung hat gleich in der Nähe ein großes Sonnendach aufstellen lassen, unter das sich die nicht vorhandenen Touristen stellen sollen. Viel Verständnis für Kultstätten scheint man in Regierungskreisen nicht zu haben.

Falls Sie einmal durch Zufall oder mit Absicht in diese schöne Gegend kommen, übernachten Sie im Darbargadh Palace, einem der vielen kleinen Maharadscha-Paläste Gujarats, die schon bessere Zeiten gesehen haben. Der Besitzer, ein Spross der Familie, wird Sie fragen, ob Sie das Pferd, das Sie im Dorf gekauft haben, opfern wollen oder lieber mit nach Hause nehmen. Wenn Sie Zeit haben, nehmen Sie zwei und machen beides. Man kann ja nie wissen.

28

IRAN

SCHAH-ABBAS-TEEKANNE

Der Schah soll ein Kunstliebhaber gewesen sein, mit einem Faible für Handarbeiten wie Weben und Nähen.

Iran-Reisenden wird schnell das Porträt eines Mannes auffallen, der Ihnen von Teekannen, Tassen und Gläsern milde entgegenlächelt. Er trägt eine pompös verzierte Jacke mit einem reich geschmückten Karakul-Hut, dazu einen fesch gezwirbelten Schnurrbart und sehr buschige Augenbrauen. Sein glamouröser, leicht militärisch anmutender Putz steht in einem angenehmen Kontrast zu seinen feinen, persischen Gesichtszügen und den traurigen Augen, die neben den vielen Attributen fast untergehen. Auf Nachfrage, wer denn dieser Mann sei, dessen Porträt überall zu finden ist, reagiert man im Iran mit Verwunderung. Keiner kann sich vorstellen, dass man Schah Abbas nicht kennt.

Abbas I. stammte aus der persischen Dynastie der Safawiden und war von 1587 bis 1629 der Schah von Persien. Er machte aus dem Iran ein schiitisches Land, die heutige Regierung beruft sich in ihrem Selbstverständnis oft auf seine Regierungszeit. Ausgesprochen wird der Name Abbas übrigens mit der Betonung auf dem S, nicht wie bei der schwedischen Popgruppe mit dem Marsch-musik-Sound auf den beiden Es.

Abbas kam an die Macht, nachdem er seinen Vater in einer Palastrevolution gestürzt hatte. Ein paar Jahre später ließ er einen seiner Söhne umbringen und zwei andere blenden. Er hatte Angst, dass sie dasselbe mit ihm machen würden, was er mit seinem Vater gemacht hatte. Schah Abbas, der sich gern als »König der Könige« bezeichnete, sah sich gleichermaßen als König von Persien und als Herrscher des Islams, da er vom Propheten Mohammed abstammte. Es war sehr schlau von ihm, seinem Herrschafts-anspruch eine religiöse Legitimation zu geben. Mit diesem doppelten Machtanspruch konnte er das Reich in seinem Sinne gestalten und sich auch noch gut gegen die vielen umtrie-bigen Nachbarn verteidigen, die Osmanen im Westen und die Usbeken im Osten.

Schah Abbas war ein Fan von Infrastruktur. Er baute Straßen, Brücken, Karawansereien und eine moderne, neue Hauptstadt: Isfahan.

Als er die Stadt im Jahr 1598 zur Hauptstadt erkor, war sie noch ein verstaubter, kleiner Ort in der Wüste. Später wurde sie zu einer der reichsten Handelsstädte des Orients. Der Naqsch-e-Dschahan-Platz im Zentrum von Isfahan gehört noch heute zu den größten Plätzen der Welt. Schah Abbas, der den Grundstein legte, nannte ihn »den Entwurf der Welt«.

2009 widmete das British Museum in London Abbas eine ganze Ausstellung: Schah Abbas – die Neuschöpfung Irans. Sheila Canby, die Kuratorin der Ausstellung, beschreibt ihn als einen »ruhelosen, entscheidungsfreudigen, erbarmungslosen und intelligenten Mann«. Er soll ein Kunstliebhaber gewesen sein, mit einem Faible für Handarbeiten wie Weben und Nähen. Gleichzeitig stärkte er das Selbstbewusstsein des Landes und rückte es in den Fokus der damaligen Welt.

Heute ist er eher eine Art Werbegesicht für die Regierung. Vor allem auf dem Basar in Isfahan stapeln sich die Produkte mit dem lächelnden Prinzen und seinem wild-romantischen Look.

Manchmal werden Teekannen mit seinem Konterfei in einer Metallverschalung verkauft. Sie soll die Kannen so aussehen lassen, als kämen sie aus dem 19. Jahrhundert, als Porzellan noch mit Metallklammern und Bändern geflickt wurde, weil es so kostbar war. Oft werden solche Repliken auch mit alten Stempeln der russischen Porzellanmarke Gardner versehen, die die Gebiete südlich von Russland Ende des 19. Jahrhunderts mit ihrer Exportware überschwemmte. Warum der schicke Schah diese Art von Schwindel nötig haben soll, bleibt dahingestellt.

29

JAPAN

KOKESHI-PUPPEN

Niedlich und schlicht, dem guten
Geschmack verpflichtet und
trotzdem unglaublich Kawaii.

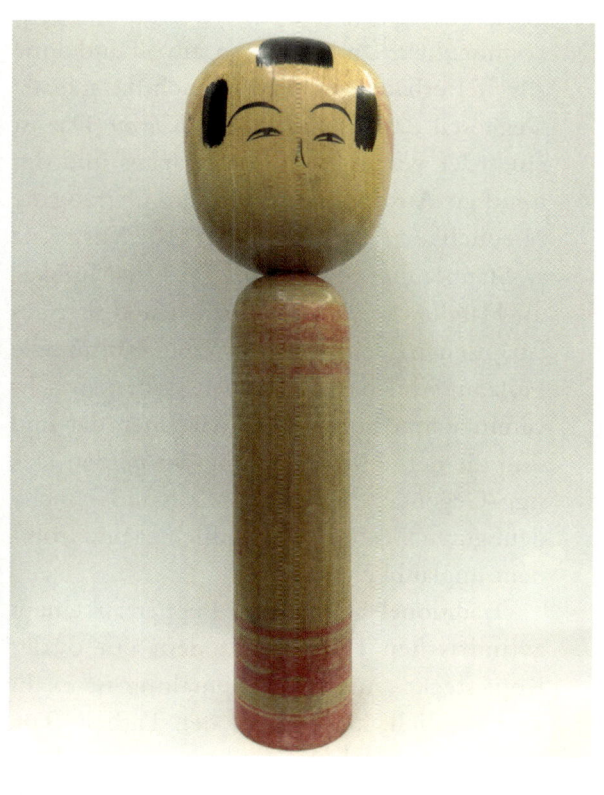

Japanisches Design ist bekannt für seine elegante Schlichtheit, seine Perfektion und Vollkommenheit. Und weil es so stilvoll und ohne Zweifel erhaben ist, gibt es auch das genaue Gegenteil davon, und das ist *Kawaii*. Das ist eines der wichtigsten Worte Japans und der freudige Ausdruck für süßlich überzogene Niedlichkeit. Kawaii kann ein Miss-Kitty-Staubsauber sein, eine Takashi-Murakami-Handtasche, das Schulmädchenoutfit eines japanischen Teenagers oder eine traditionelle Holzpuppe. Kokeshi-Puppen stellen in sehr vereinfachter Form junge Mädchen dar und sind die perfekte Verbindung der beiden Design-Gegensätze Japans. Niedlich und schlicht, dem guten Geschmack verpflichtet und trotzdem unglaublich Kawaii.

Traditionell bestehen die Puppen aus einem zylindrischen Körper, auf dem ein ovaler Kopf steckt. Auch ihre Bemalung ist exakt aber spärlich, klassisch in den Farben Rot, Schwarz und Gelb. Sie sind mit einer leichten Wachsschicht überzogen, die als Schutz gedacht ist und ihnen einen feinen Glanz mit einer angenehmen Haptik gibt. Das Holz der Puppen sollte von Obstbäumen stammen und auf jeden Fall mehrere Jahre lagern, bevor es verwendet wird. Auf den unter Sammlern beliebten Kokeshi-Wettbewerben werden die Puppen nach der harmonischen Balance ihrer zwei Holzteile und ihrer Bemalung beurteilt.

Ursprünglich kommen die Kokeshis aus dem Norden Japans, aus den sechs Regionen der Provinz Tohoku. Sie werden nach elf unterschiedlichen Typen klassifiziert, je nach Bemalung und Form. Die ersten Puppen wurden Anfang des 19. Jahrhunderts von Holzschnitzern in Tohuko gedrechselt, um sie an die Besucher der heißen Quellen in Naruko Onsen zu verkaufen. Sie waren Souvenirs und Kinderspielzeuge, erst ihre Sammler machten sie um 1920 zu Artefakten des nationalen Erbes. Die Theorie, die Puppen seien als Erinnerungen von Eltern gemacht worden, die ihre Kinder in den Hungersnöten der Gegend verloren hatten oder sogar umbringen mussten, ist zum Glück nicht bestätigt. Die Puppen sind mehr im Zusammenhang mit dem Tourismus in den ländlichen Gegenden zu sehen. Dieser hat in dem früh industrialisierten Land als nostalgische Rückbesinnung auf das gute, einfache Leben eine lange Tradition. Yanagita Kunio (1875-1962), der als Vater der japanischen Volkskunde gilt, war der Meinung, dass echte Modernität nur in der Auseinandersetzung mit der ländlichen Vergangenheit stattfinden könne.

Neben den traditionellen Modellen gibt es seit dem Ende des Zweiten Weltkrieges auch moderne Kokeshis. Hier hat der Künstler komplette Gestaltungsfreiheit, er muss sich weder an Form- oder Farbregeln halten, was nicht immer von Vorteil ist. Diese Puppen entstanden aus einer Initiative, den Holzschnitzern der Region neue Arbeit zu geben. Während die traditionellen Modelle elegante Vorboten des Kawaii zu sein scheinen, sehen moderne, seriell hergestellten Puppen oft aus wie Manga-Zwerge aus Holz. Solche Puppen bekommt man für wenig Geld in jedem Souvenirshop und auch noch auf den letzten Drücker am Flughafen. Der Sammlermarkt für moderne, hochwertige Puppen von bekannten Holzschnitzern ist ebenfalls riesig. Im kleinen Ort Naruko Onsen gibt es ein Museum und eine ganze Kokeshi-Puppen-Straße. Welche Puppe am Ende auch immer den Weg zu Ihnen schafft, eines wird sie auf jeden Fall sein: Kawaii.

30

KAMBODSCHA

DER KRAMA

Angeblich gibt es für ihn
sechzig verschiedene
Einsatzmöglichkeiten.

Der *Krama*, ein rechteckiger karierter Baumwollschal, ist das wichtigste traditionelle Kleidungsstück der Khmer, die den überwiegenden Teil der kambodschanischen Bevölkerung stellen. Sie gehören zu den ältesten Volksgruppen Indochinas.

Der Krama wird als Schal gegen die Sonne eingesetzt, aber auch als Sarong, Turban oder Gürtel, als Abdeckplane, Seil und Sonnensegel. Oder zum Tragen von Babys, Hühnern und Gemüse. Angeblich gibt es für ihn sechzig verschiedene Einsatzmöglichkeiten.

Wann und warum der Krama so beliebt wurde, ist bis heute leider nicht ganz klar. Die Khmer kamen im ersten Jahrhundert n. Chr. von Indien nach Kambodscha, vielleicht liegt es an ihren indischen Wurzeln. In Indien trägt man ja gerne Tuch.

Jeder Kambodschaner besitzt mindestens einen Krama. Meistens sind sie aus Baumwolle, heute haben sich allerdings auch viele Mischgewebe durchgesetzt. Als kulturelles Markenzeichen half der Krama den Kambodschanern, sich von ihren Nachbarn, den Thai, den Laoten und Vietnamesen abzugrenzen.

Allerdings haftet ihm bis heute noch etwas Düsteres an. Unter der grausamen Herrschaft der Roten Khmer und Pol Pot waren alle Khmer dazu gezwungen, den Krama zu tragen. Und zwar die rote Variante, über ihren schwarzen Pyjama-Anzügen. Zusammen mit Plastiksandalen war dies die Uniform für alle. Es gab auch blau-weiße Kramas, die von den Kambodschanern im Osten des Landes getragen werden mussten, damit man sie als solche erkennen konnte. Die Roten Khmer waren der Meinung, die Kambodschaner im Osten hätten »die Körper der Khmer, aber mit vietnamesischen Seelen.« Und das war für sie kein Lob.

Ihre Vorstellung von einem kommunistischen Bauernstaat verwirklichten die Roten Khmer auf unfassbar schreckliche Weise. Fast ein Viertel der eigenen Bevölkerung kam zwischen 1975 und 1979 durch Zwangsarbeit, Hinrichtungen und Hungersnöte ums Leben. Die Behandlung und Folterung von »Feinden«

und »subversiven Elementen« wurde durch die in den späten Jahren der Herrschaft herangewachsene extrem brutale Generation von Kindersoldaten immer willkürlicher. Es reichte schon das Tragen einer Brille oder das Beherrschen einer Fremdsprache, um als Staatsfeind hingerichtet und ermordet zu werden.

2014 fand der vorerst letzte Prozess gegen einige der noch lebenden ranghohen Mitglieder der Roten Khmer statt, die bis heute jede Mitverantwortung für den Tod von zwei Millionen Menschen abstreiten. Auch den Textilien ist die Vergangenheit anzusehen. Die Lebensfreude der tanzenden und lachenden Figuren auf den handgewebten Seidenstoffen, die vor 1975 entstanden sind, ist bis heute nicht wirklich zurückgekehrt.

Den einfachen Krama aber, am besten ohne Fransen, findet man auf jedem Markt in Kambodscha. Wenn Sie nicht sicher sind, ob es Baumwolle ist, dann machen Sie die Probe mit einem Feuerzeug. Brennt ein Faden zu einem Klumpen und zerbröselt nicht zu Asche, ist er aus Synthetik. Seidenvarianten des Kramas gibt es natürlich auch. Echte Seide riecht nach verbrannten Haaren.

»Wir werden das alte Gras abbrennen, nur darauf kann etwas Neues entstehen«, so deklarierte Pol Pot das Jahr null der Machtergreifung. Der Krama zumindest hat dies alles überlebt.

31

KIRGISISTAN

HAUSSCHUHE

Das Material Filz ist durch Geschmacksverirrungen wie Filzblumenkappen oder Glückswichtel zu Unrecht in Verruf geraten.

Das Material Filz ist durch Designverirrungen wie Filzblumenkappen oder Glückswichtel zu Unrecht in Verruf geraten. Zum Glück lassen sich sich solche »Dekoideen aus Kuschelfilz« in der Heimat des Filzes, Kirgisistan, wieder geraderücken.

Von den fünf zentralasiatischen Stan-Staaten ist Kirgisistan das Land, das sich am weitesten nach Westen geöffnet hat. Im Gegensatz zu seinen autoritär regierten Nachbarn ist es eine, allerdings noch fragile, parlamentarische Demokratie. Für Touristen ist Kirgisistan ein angenehmes Land. Junge Menschen sprechen englisch, man braucht kein Visum und kann sich einen Leihwagen mieten. In einem Land, das mit seiner weitläufigen Natur so nah am Himmel gebaut ist, ist das sehr sinnvoll.

Mit dem Auto kann man zum Beispiel nach Kochkor fahren, eine Ortschaft in der Mitte des Landes, die außer einer spektakulären Landschaft nicht viel zu bieten hat, was allerdings für fast alle Orte Kirgisistans gilt. In Kochkor befindet sich der Sitz der Frauenkooperative Altyn Kol, die *Shyrdaks* und andere Filzprodukte herstellen. Shyrdaks sind kirgisische Filzteppiche, die man für die Ausstattung der Jurten verwendet. Vor der Unabhängigkeit Kirgisistans stellten die Frauen Shyrdaks nur für den Eigenbedarf her. Heute gibt es auch Souvenirprodukte für Touristen, wie eben solche Filzpantoffeln, die man in fast jedem Souvenirladen kaufen kann.

Wie so vieles im Leben ist auch die Volkskunst an bestimmte Bedingungen geknüpft. Im Fall der Kirgisen ist es ihr Leben in einer von Weite geprägten Bergwelt und ihr Nomadentum. Wer nicht sesshaft ist, der wird neben sperrigen Jurtenteilen nicht auch noch einen Webstuhl mitschleppen. Filzen ist nicht so zeitintensiv wie Weben, braucht aber viel mehr Wolle und Kraft. Die nasse Wolle wird auf einer Fläche ausgelegt, zusammengerollt und so lange ausgepresst und geknetet, bis die Fasern miteinander verschlungen und verfilzt sind. Da das Auspressen der Wolle sehr anstrengend ist, arbeiten die Frauen immer in

Gruppen zusammen. Traditionell ist das Filzhandwerk in Kirgisistan Frauenarbeit.

Für die Muster legt man zwei Filzmatten übereinander, schneidet Ornamente aus und vernäht sie. Sehr beliebt ist das Motiv der Widderhörner: Zwei offene Spiralen, die sich in einem Zentrum treffen. Nennt sich auf Kirgisisch *Kochkor müyüz* und steht für Fruchtbarkeit, Wohlstand und Gesundheit. Dinge, die man sich überall auf der Welt wünscht. Generell sind die Motive der Teppiche davon inspiriert, was im Leben der Menschen wichtig ist. Und das ist vor allem die Natur und ganz besonders der Himmel. Für die Kirgisen kann der Mensch die Natur niemals kontrollieren, aber er kann sie für sich nutzen. Dabei muss alles unter Tengri, dem Gott des Himmels, im Gleichgewicht bleiben.

Unter diesem Himmel, nicht weit von Kochkor entfernt, befindet sich der Issyk Kul, der heilige See der Kirgisen, der auch noch der zweithöchste beschiffbare See der Welt ist. An seiner Südküste liegt das russische Sanatorium Tamga, in dem sich der Kosmonaut Juri Gagarin nach seinem Weltraumflug 1960 erholt hat. Nichts hat sich seitdem verändert, keinerlei Renovierungsmaßnahmen stören den alten Sowjetluxus mit hellblauen Lackwänden, rostroten Holzdielen und kargem Inventar. Tamga wird immer noch bewirtschaftet, wenn auch ohne Kosmonauten. Auch als normaler Tourist kann man sich hier bei den herrischen Schwestern für wenig Geld ein Zimmer mieten. Zurück in die Zukunft der Raumfahrtpioniere. Und das alles in kirgisischen Filzpuschen.

32

LAOS

BESTICKTE TASCHEN

Man nennt so etwas »storytelling embroidery«, narrative Stickerei.

Zu den bekanntesten Kinderbüchern in Deutschland gehören die Wimmelbücher von Ali Mitgutsch. Seine detailverliebten großformatigen Bilder, auf denen es unendlich viel zu entdecken gibt, erinnern nicht nur an die Werke des Niederländers Pieter Brueghel d. Ä., sondern auch an die Stickbilder der Hmong aus Laos, einem indigenen Volk Südostasiens mit wahrscheinlich sibirischen und mongolischen Wurzeln. Man sieht darauf Menschen in bunten Trachten und im dörflichen Umfeld, die allerhand rumwerkeln. Es gibt auch lustige Täschchen mit Tieren in abenteuerlichen Dimensionen. Affen, so groß wie Elefanten, spielen da mit Tigern in Rattenformat vor Pilzbergen und Blumenbäumen. Alles sehr charmant. Man nennt so etwas *storytelling embroidery*, narrative Stickerei. Da die Hmong keine eigene Schriftsprache hatten, war das Sticken für sie immer ein wichtiges Mittel der Kommunikation. Mit dieser figurativen Art des Erzählens haben sie allerdings erst nach dem Ende des Vietnamkriegs begonnen, als ein Teil von ihnen in den thailändischen Flüchtlingscamps darauf wartete, von den Amerikanern aufgenommen zu werden.

Man muss dabei wissen, dass die Hmong während des Vietnamkrieges von der CIA als geheime Guerillaarmee eingesetzt wurden, es gab also eine moralische Verpflichtung.

Dem alten Königreich Laos mit seiner friedlich entrückten Bevölkerung wurde seine geografische Lage damals zum Verhängnis, da die Versorgungsader der Vietcong, der Ho-Chi-Minh-Pfad, zu weiten Teilen durch laotisches Grenzgebiet lief. Die Hmong kannten sich hervorragend aus im Dschungel, sie lieferten das Opium für die Soldaten und man konnte ihre Rekrutierung wunderbar geheim halten. Gestern noch Bergvolk, heute CIA-Agenten, so in etwa muss man sich das vorstellen.

Laos wurde mit über zwei Millionen gefallenen Bomben, gemessen an seiner Bevölkerung, zum meistbombardierten Land auf der ganzen Welt. Zwischen 1965 bis 1975 fielen in Laos mehr Bomben als im Zweiten Welt-krieg auf Deutschland und Japan zusammen. Clint Eastwood hat die Geschichte der Hmong in seinem Film *Gran Torino* thematisiert. Der asiatische Junge aus der Nachbarschaft, das war ein laotischer Hmong.

Am Ende dieser Katastrophe haben die Hmong, auf Anregung damaliger NGOs, in den Camps angefangen, riesige naive Wimmel-bilder zu sticken, mit allem, was der Krieg so mit sich bringt. Bomben, Blut, Feuer, Terror, Tod. Gestickt in dem niedlichen, naiven Stil, der an Ali Mitgutsch erinnert, inhaltlich an die Themen eines mittelalterlichen Schlachten-gemäldes.

Der Krieg ist zum Glück vorbei, aber die Art der Stickerei ist geblieben. Frieden passt zwar um einiges besser als Krieg zu den kleinen, praktischen Utensilien für Touristen. Neuer-dings tauchen allerdings in Laos wieder Bilder mit gestickten Fluchtszenen auf. Denn das kaufen die Touristen am Ende noch viel lie-ber als friedliche Dorfimpressionen.

Mit *storytelling embroidery* bestickte Textilien findet man übrigens in sehr vielen Ländern. Wahrscheinlich steht die Erfolgsstory aus den Camps in Thailand in jedem Lehrbuch für NGOs und Fair-Trade-Handel, falls es so etwas gibt. Vielleicht war es aber auch irgendeine merkantile Kraft, die den Nomadenstämme in Gujarat, den Aymara in Peru oder den Frauen in Palästina zugeflüstert hat, dass narrative Stickerei ein Renner im Souvenirbusiness ist.

Nach einer Theorie des amerikanischen Yale Professors und Politologen James C. Scott ist das Fehlen von Schrift eine bewusste kollektive Entscheidung der indigenen Völker Südostasiens gewesen. Um sich so gegen staatliche Vereinnahmung, Kontrolle und Unterdrückung zu wehren. Als hätten sie es geahnt.

33

MONGOLEI

WRESTLINGHOSE

Dazu noch ein paar Gutul, die mongolischen Stiefel, und fertig ist das wahrscheinlich »funkiest folk-wrestling outfit« der Welt.

Bilder von der Mongolei zeigen oft eine grüne, flache Ebene mit Berggipfeln am Horizont. Vor dieser Kulisse tummeln sich rotwangige Menschen mit und ohne Pferde, Kamele, Jurten und Yaks. Ab und an auch ein verwegen aussehender Kasache mit Adler auf dem Arm. Die Mongolei, das »Land des ewigen, blauen Himmels«, ist das am dünnsten besiedelte Gebiet auf der Welt, und trotz Urbanisierung und Zentralisierung – in der Hauptstadt Ulaanbaatar leben vierzig Prozent der Bevölkerung – haben die Mongolen ihr Nomadenleben in der Steppe nicht vergessen. Bis heute sind Reiten, Ringen und Bogenschießen für die Nachfahren des Dschingis Kahn wichtige Sportarten, die live im Fernsehen übertragen werden. Einen Stellenwert wie bei uns der Fußball hat hier das Ringen. Man nennt es *Bökh*, was Standfestigkeit bedeutet.

Die großen Tage des mongolischen Wrestlings finden am Naadam-Festival statt, dem jährlichen Unabhängigkeitsfest, das mehr eine Art Sportgroßveranstaltung ist. Denn

Naadam bedeutet: die drei männlichen Spiele. Die Männer kämpfen dabei um Titel wie »Falke«, »Löwe«, »Elefant« oder »Titan«. Die Regeln sind sehr einfach: Wer mit etwas anderem als mit seinen Füßen den Boden berührt, hat verloren. Gewichtsklassen gibt es nicht. Vor dem Kampf tanzt jeder Ringer den *Devekh*, den Adlertanz. Man imitiert gehend und mit schlagenden Armen den Flug des Greifvogels. Der Tanz geht auf alte schamanische Rituale zurück und sieht auch so aus. Nach dem Kampf muss der Verlierer unter den gespreizten Armen bzw. Flügeln des Siegers hindurchgehen und so dem Gewinner Respekt zollen.

Das alles geschieht in Outfits, die genauso gut in eine Tabledance-Bar in San Francisco passen würden oder zu einem Stripper, der auf einem Junggesellinnenabschied aus der Torte springt. Zu einem sehr knappen Höschen, dem *Shuudag*, wird ein offener, langärmeliger Bolero, der *Zodag*, getragen. Der Bolero wird nur locker am Körper mit einem Band gehalten. Dazu noch ein paar *Gutul*, die mongolischen Stiefel, und fertig ist das wahrscheinlich »funkiest folk-wrestling outfit« der Welt. Die Stiefel sind entweder traditionell mit nach oben gebogenen Zehen gefertigt, oder im amerikanischen Cowboy-Stil, der bei den Mongolen als Reitervolk sehr beliebt ist. Alles ist knapp geschnitten, um beweglicher sein zu können. Die Kordeln an der Seite des Shuudag werden eng gebunden, damit der Gegner nicht am Höschen ziehen kann, weshalb auch alle Stoffe reißfest sind.

Angeblich tragen die Männer die offenen Boleros, damit jeder sieht, dass sie keine Frau sind. Denn es gibt die Legende, dass einst eine als Mann verkleidete Frau alle Ringer bei einem Kampf besiegt hatte, und die Männer solche Untaten seitdem durch ihre Nacktheit verhindern wollten. Mongolen wissen, dass Frauen kämpfen können und echte Gegner sind. Die mongolische Prinzessin Khutulun, die Ururenkelin des Dschingis Khan, wollte nur denjenigen heiraten, der sie beim Ringen besiegen konnte. Wer verlor, musste ihr ein Pferd überlassen. Da sie eine sehr gute Ringerin war, hatte sie am Ende eine 10 000 Pferde starke Herde, aber keinen Mann.

Heute sind mongolische Ringer auch international sehr erfolgreich. Drei der vier wichtigsten japanischen Sumo-Ringer sind Mongolen. Leider tragen sie da nicht ihre Tracht.

34

TÜRKEI

IKATSCHALEN

Die Geschichten um die Schalen mit Ikatmuster sind besser als Hollywood.

Wie viele internationale Handelswaren legt auch das Souvenir oft verschlungene Wege zurück, bevor es in einem Geschäft zum Kauf angeboten wird.

Ein Hort solcher Waren ist der Grand Basar in Istanbul. Neben all den Süßwaren, dem Goldschmuck und Fake-Taschen begegnen einem immer wieder bunte Schalen und Teekannen mit psychedelisch aussehenden Mustern. Es ist Geschirr aus Usbekistan, das dort in den Jahren der Sowjetherrschaft in den Kolchosen hergestellt wurde. Das etwas wirr aussehende Muster soll die Ikatstoffe symbolisieren, für die Usbekistan so berühmt ist. Das andere Motiv dieser Schalen – es gibt nur die zwei – sind die »Baumwollbollen«, ein Symbol für die von den Sowjets verordnete Monokultur. Sie erscheinen auf den Schalen in unzähligen, mehr oder weniger abstrakten Varianten.

Seit der Unabhängigkeit Usbekistans wird das Geschirr nicht mehr produziert und ist im Land fast vollständig aus der Alltagskultur verschwunden. Nicht ganz unschuldig daran sind die turkmenischen Zwischenhändlerinnen, die man auf dem Flughafen in Istanbul vor dem Schalter nach Ashgabat, auf ihren riesigen Warensäcken sitzend, beobachten kann. Sehr elegant, mit ihren langen buntgeblümten Kleidern und hohen Turbanen. Schon seit vielen Jahren schleppen die Frauen alles aus den Stan-Staaten heraus, was sich tragen und auf dem Basar in Istanbul verkaufen lässt. Auf dem Rückweg nehmen sie moderne Kleidung aus den türkischen Fabriken mit. Eine amerikanische Einkäuferin erzählte mir, dass sie anhand der ständig wachsenden Zahl an Goldzähnen im Mund gleich erkennen könne, wie erfolgreich eine turkmenische Händlerin sei. Da aus Ländern wie Usbekistan offiziell keine Dinge das Land verlassen dürfen, die älter als fünfzig Jahre sind, lassen sich die Frauen das Wissen vergolden, wie man solche Gesetze umgeht.

Der Warenfluss wird allerdings immer spärlicher. Anfang der 1990er-Jahre, kurz nach dem Zerfall der Sowjetunion, überschwemmten noch echte Schätze den Basar. Jeden Abend hatten die Ladenbesitzer die Taschen voller Dollarnoten, von den vielen Händlern aus Amerika, die für kleines Geld haufenweise Raritäten abräumten. Mit Kolchosen-Geschirr hatte man da noch nicht viel am Hut, denn es gab noch Unmengen des alten russischen Porzellans, das Anfang des 20. Jahrhunderts für die Kolonien in Zentralasien hergestellt wurde. Mit wilden Ikatmustern versuchte sich die aus St. Petersburg kommende Firma Kutznetsov dem Geschmack der neuen Märkte anzupassen. Auch heute noch kann man das Geschirr für sehr viel mehr Geld als damals auf dem Basar kaufen. Man erkennt es an dem Kennzeichen für den kolonialen Export, einem arabischen Zeichen neben dem Markenstempel.

Wer altes Ikatgeschirr kauft, der hat in der Regel auch ein Faible für alte Ikatstoffe. Ein großer Sammler ist der Harvard-Professor Guido Goldmann. Ikat habe ihn an die

Malereien der deutschen Expressionisten und französischen Impressionisten erinnert, mit denen er aufgewachsen ist, verriet er in einem Interview der *New York Times*. 2005 schenkte er einen großen Teil seiner Sammlung der Arthur M. Sackler Gallery im Smithsonian Museum in Washington. Auch Arthur M. Sackler war ein großer Liebhaber asiatischer Kunst. Die Sacklers, eine der reichsten Familien des Landes, hatten ihr Geld mit Pharmaunternehmen gemacht, die durch irreführendes Marketing mit morphin- und später opioidhaltigen Schmerzmitteln mitverantwortlich sind für die heutige Heroinkrise in den ländlichen Gebieten der USA.

Da kommt einiges zusammen an Schmugglern, Betrügern, Spekulanten, Kolonialisten und Drogensüchtigen. Ich würde sagen, die Geschichten um die Schalen mit Ikatmuster sind besser als Hollywood.

35

USBEKISTAN

EINE DOSE PLOW

Ein gutes Plow entspricht
lautmalerisch seinem Namen
und plumpst saftig schmatzend
auf einen der tiefen Teller
des Landes.

Das Nationalgericht der Usbeken ist *Plow*, ein Reiseintopf, auf den sie sehr stolz sind. Ein gutes Plow entspricht lautmalerisch seinem Namen und plumpst saftig schmatzend auf einen der tiefen Teller des Landes. Plow besteht zu gleichen Teilen aus Reis und Möhren, dazu kommen Kichererbsen, Rosinen, Hammelfleisch und Fett. Da Plow normalerweise nicht allein zu Hause oder in der Kleinfamilie zubereitet wird, sind die benötigten Mengen in der Regel in Kilos angegeben.

Das Geheimnis eines guten Plows liegt im richtigen Fett. Es sollte aus dem Hinterteil des Fettschwanzschafes kommen, welche DAS Schaf in Zentralasien ist. Fettschwanzschafe speichern ihr Fett vor allem in ihrem Schwanz, sie haben ein sehr kurviges Hinterteil und sehr mageres Fleisch am restlichen Körper. Ohne das Hinternfett des schon in der Bibel erwähnten Schafes ist Plow nur ein schnöder Pilaw und da kommt dann auch die Bedeutung der in Taschkent abgefüllten Dosen ins Spiel, denn außerhalb Zentralasiens und Teilen

der arabischen Welt gibt es nicht so viele Fettschwanzschafe. Und der Wert eines Souvenirs
liegt auch immer in seiner Verfügbarkeit.

Dass Dosenplow ein sehr beliebtes Mitbringsel ist, wurde mir klar, als ich auf dem
Flug von Taschkent nach Urumqui beobachte-
te, wie der Chinese vor mir in der Schlange
seinen Koffer wegen des Übergepäcks neu
sortieren musste. Zum Vorschein kamen rund
20 Dosen Plow der Firma Oshpaz, die er
zwischen Unterhosen und Reiseunterlagen
verstaut hatte und die nun munter durch die
Abflughalle rollten.

Die Dosen kommen in einem hübschen
Design daher, der Deckel zeigt eine Portion
Plow mit ordentlich viel Hammel darauf. Das
Plow ist auf einem landestypischen Teller an-
gerichtet, verziert mit einer ornamentalen
Variante des in Usbekistan allgegenwärtigen
Motivs des Baumwollbollen. Mit dem wol-
kenartigen Symbol der Baumwolle wollten
die Sowjets damals die wasserintensive Mono-
kultur feiern, die sie dem Land verordnet

hatten und für die sie den Aralsee bis zum letzten Tropfen aufbrauchten. So wird man bis heute an den vielen Baumwoll-Brunnen und Baumwoll-Fenstern immer wieder an eine der größten Umweltkatastrophen der Welt erinnert.

Die Dose kann man in jedem ordentlichen Souvenirshop kaufen, notfalls eben auch am Flughafen. Die Firma nennt das Gericht nicht Plow, sondern Tashkent Pilaf, das klingt appetitlicher und weltgewandter. Oshpaz, der Hersteller, heißt so viel wie Meisterkoch, was sich in Usbekistan gerne einfach durch die Mengen, die er zu verkochen in der Lage ist, ausdrückt. Für einen Einkaufsbummel in Usbekistan empfiehlt sich eine große Tasche, da der größte Geldschein des Landes der 50 000-Som-Schein ist. Das sind gerade mal fünf Euro, wofür man auch hier noch lange kein Hotelzimmer oder Abendessen bekommt. Da es so gut wie keine Geldautomaten im Land gibt und aufgrund chronischen Banken-mangels an den Eingängen zu den Basaren schwarz getauscht wird, hat man auf Reisen zusammen mit den Plastiktüten voller Bargeld viele schöne Breaking-Bad- und Geldwäsche-Momente. Ausländer outen sich spätestens in dem Moment, in dem sie die Geldscheine einzeln zählen und nicht elegant durch die Finger gleiten lassen.

Ein usbekisches Sprichwort sagt: Wenn du arm bist, isst du Plow. Wenn du reich bist, isst du nur noch Plow. Ich weiß nicht, ob ich reich sein möchte in Usbekistan. Aber die Dose ist ein wunderbares Mitbringsel für den schnellen usbekischen Moment daheim.

36

USBEKISTAN

GEDENK-SUZANIS

Diese wunderbaren Beispiele
politisch motivierter Volkskunst
kann man auch heute noch
auf dem Basar in Urgut finden.

»Katharina! Come, look, Katharina! Madame!«
Anscheinend habe ich einen schweren Fehler
gemacht, als ich einer der Händlerinnen meinen
Namen verraten habe, und nun ruft und lockt
es aus jeder Ecke. Ich bin auf dem Basar in
Urgut, einer usbekischen Kleinstadt nahe
der tadschikischen Grenze. Vom Ziegenkopf
bis zum chinesischen Eierschneider gibt es
hier alles, was man zum Leben so braucht. Am
nordwestlichen Ende des Marktes haben sich
die Händler für alte Textilien niedergelassen.
Zielgruppe sind ganz klar Touristen wie ich.
Es ist Hochsommer und ich bin die einzige
meiner Art. Wer heute ein Geschäft machen
will, der muss es mit mir machen. Von der
Seite schleicht sich ein älterer Mann an mich
heran und flüstert verschwörerisch in mein
Ohr: »I have thousand Suzanis in my home.« Als
hätte er es geahnt: Genau deshalb bin ich hier.

Suzanis sind handbestickte Decken, die
vor allem als Wandbehang und Bettüberwurf
benutzt werden. Der Begriff *Suzani* kommt
aus dem Persischen und bedeutet so viel wie

Nadelarbeit. Ursprünglich nur für den Eigenbedarf hergestellt, wurden sie ab Mitte des 19. Jahrhunderts zunehmend zur Handelsware. Der amerikanische Journalist William Eleroy Curtis erwähnte schon 1911 in seinen Reiseberichten, dass man Suzanis in Istanbul oder Chicago angenehmer und günstiger kaufen könne als in Usbekistan selbst. Daran hat sich eigentlich nicht viel geändert.

Nur die Gedenksuzanis, die zwischen den 1960er- und 80er-Jahren in den Kolchosen entstanden sind, lassen sich noch relativ einfach im Land finden. Sie wurden für private und offizielle Feierlichkeiten angefertigt, wie Hochzeiten, den Tag der Arbeit oder der Frau, oder Lenins Geburtstag. Während ältere Suzanis nach muslimischer Tradition mit orientalischen Mustern und stilisierten Blumenmotiven verziert wurden, findet man auf den spätsowjetischen Stücken entgegen den Regeln des Islams Bilder von Mensch und Tier. Da sieht man Brautpaare mit teuren Armbanduhren und großen Frisuren, Menschen, die volle Rotweingläser ansehen oder tanzende Frauen in knappen Ikat-Miniröcken.

Dieser für strenggläubige Muslime undenkbare textile Exzess geht auf den Einfluss der Sowjets zurück. Neben den wirtschaftlichen Interessen versuchten sie damals, ihre Macht durch die Unterdrückung des religiösen und traditionellen Lebens auszubauen. 1927 starteten sie eine Kampagne für die Liberalisierung der Frau. Die Aktion hieß *Hujum*, was so viel wie »Attacke!« bedeutet. Innerhalb von sechs Monaten sollten die Usbekinnen, mithilfe der Aufklärung russischer Frauen, dazu gebracht werden, auf ihre traditionelle Verschleierung zu verzichten. Nach anfänglichen Schwierigkeiten begann die Aktion, Früchte zu tragen. Die Regeln des Islams versickerten im sowjetischen Kolchosenleben, und so wie der sowjetische Realismus in die usbekische Kunst wanderte, so fand er sich als textiler Naturalismus auf den Suzanis wieder. Diese wunderbaren Beispiele politisch motivierter Volkskunst kann man auch heute noch im Shoppingparadies Urgut finden.

Am Ende musste ich allerdings feststellen, dass Rachmon, der Mann mit den tausend Suzanis, maßlos übertrieben hatte. In einem Sammeltaxi, der Marschrutka, fuhren wir gut gelaunt ob der kommenden Geschäfte über rumpelige Straßen in sein Dorf. Dabei hörten wir die House-Version des Orientklassikers *Şiki Şiki Baba*. Gefunden habe ich bei ihm statt der tausend Suzanis eine große Teekanne der russischen Porzellanmanufaktur Gardner. Real collector's shit, ganz heiße Ware. Aber das ist eine andere Geschichte.

37

VIETNAM

JACKEN DER DZAO

Das bestickte Quadrat auf dem Rücken ist das Symbol für »Die Seele des Pan Hung«, den Urvater der Dzao, der ein Drachenhund gewesen sein soll.

Wer in den Norden Vietnam reist, besucht in der Regel neben Hanoi und der Halong Bucht auch die kleine Stadt Sapa, eine ehemalige Sommerfrische der Franzosen hoch in den Bergen von Lào Cai, nahe der chinesischen Grenze. Hier geht man wandern und freut sich über die angenehm frischen Temperaturen. Die spektakuläre Lage des Ortes sieht man leider fast nie, denn meistens ist der Himmel zugehängt mit fetten, feuchten Wolken, die sich erst außerhalb der Ortschaft lichten.

Souvenirs muss man hier nicht suchen, sie kommen von selbst. Und zwar durch die umtriebigen Straßenhändlerinnen, die zu den Dzao oder Hmong gehören, den zwei Ethnien, die diese Region überwiegend bewohnen. Mit unbeirrbarer Penetranz zwingen die jungen Frauen ihre Kundschaft zu Geschäftsabschlüssen und lassen am Ende überrumpelte Touristen zurück, die die hässlichen kleinen Beutel und unnützen Anhänger schnell in ihren ebenfalls hässlichen Funktionsjacken verschwinden lassen. Die schönen Souvenirs gibt es hier nicht auf der Straße, sondern in dem neu gebauten, auch sehr hässlichen Shoppingcenter am Stadtrand nahe dem See. Im ersten Stock, in der letzten Ecke, da sitzen die wirklichen Händlerinnen und Stickerinnen der Dzao und Hmong und verkaufen ihre exzellenten Waren. Sie sind Geschäftsfrauen, die mit allen Wassern der Verkaufskunst gewaschen sind: »You buy one from her, now you must buy one from me.« Denn das ist nur gerecht: »Du hast etwas von ihr gekauft, jetzt kauf auch etwas von mir!« Wenn das wirtschaftliche Gefälle zwischen Kunde und Verkäufer so groß ist wie hier, ist Mitleid kein schlechtes Verkaufsargument.

Bis vor Kurzem hatten die Frauen noch ihren eigenen Markt in der Mitte des Ortes. Der wurde abgerissen, nun wird hier ein neues Einkaufszentrum für immer mehr hässliche Funktionskleidung gebaut. Vor ein paar Jahren war Sapa noch in der Hand von amerikanischen Expats. Es gab kleine Hotels, die einen Teil der Einnahmen in Schulen steckten und Schilder aufstellten, dass man bettelnden Kindern bitte nichts geben sollte. Auch ungefragtes Fotografieren wurde moniert. Dann wurde der Ort von chinesischen Investoren entdeckt, und nun herrscht ein Bauboom wie in Berlin nach der Wende. Die Schilder sind weg, und Horden von Kleinkindern in bunten Trachten stehen von morgens bis abends mit und ohne ihre Mütter als Fotomodelle auf dem Hauptplatz und warten auf Kundschaft. Die meisten Touristen finden das süß, und deshalb haben sie auch die aufdringlichen Straßenhändlerinnen verdient, die sie auf Schritt und Tritt beschämen.

Von dieser Art touristischen Straßenkrieges bekommt man in der Markthalle am Stadtrand nichts mit. Zu kaufen gibt es jede Menge Stickereien, meist auf indigoblauem Untergrund. Besonders tragbar sind die Männerjacken der Dzao mit ihren rot-weißen Borten. Die Stickereien sind Motivreihen, die Pflanzen, Bäume und Kinder symbolisieren. Die roten Bänderapplikationen stehen für den roten

Fluss Song Hong. Das bestickte Quadrat auf dem Rücken ist das Symbol für »Die Seele des Pan Hung«, den Urvater der Dzao, der ein Drachenhund gewesen sein soll. Er ist einst vom Kaiser von China betrogen worden, der ihm für eine Heldentat, die das Land retten sollte, die Hälfte seines Landes versprochen hatte. Nach vollbrachter Tat teilte der Kaiser das Land jedoch horizontal und nicht vertikal auf. So bekamen die Dzao die kargen, rauen Berge. Da, wo es immer regnet und wo viele Dinge sehr hässlich sind, nur nicht ihre eigenen.

38

ÄGYPTEN

DSCHALLABIJA

Während sich die Industrienationen
auf Alltagskleidung aus moralisch
zweifelhaften Massenproduktionen
geeinigt haben, geht man in
Ägypten auf dem Land noch
zum Schneider und lässt sich sein
Gewand auf den dicken oder
dünnen Leib schneidern.

In der Welt des Islam gibt es viele alltagstaug-
liche Kleidungsstücke, die mit der altertümlich
anmutenden Bezeichnung »Gewand« bestens
beschrieben werden können. So wie die ägyptische *Dschallabija*, ein traditioneller Kaftan
ohne Kragen, mit tiefem Ausschnitt, ausgestell-
ten Ärmeln und einem weiten Rock. Besonders
auf dem Land bestimmt sie das normale
Straßen- bzw. Wüstenbild, das wiederum vor
allem von Männern belebt wird.

Nicht zu verwechseln ist die Dschallabija
mit der *Djellaba* aus Marokko und den Ma-
ghreb-Staaten, deren lange Kapuze ihre Träger
gerne aussehen lässt wie Gevatter Tod. Man
geht übrigens davon aus, dass alle Kaftan-
varianten des Nahen Ostens, von denen es
einige gibt, antiken Ursprungs sind und von
der römischen Tunika abstammen.

Die ägyptische Dschallabija wird von
beiden Geschlechtern getragen, allerdings in
unterschiedlichen Ausführungen. Für Frauen
wird sie mit Knallfarben und orientalischen
Maschinenstickereien aufgepimpt, Männer

punkten mit schlichter Eleganz in gedeckten Tönen. An der Seite haben die Männermodelle einen strategischen Schlitz, in den man die Enden des Rocksaumes stopfen kann, wenn man mal Kamel reiten oder Moped fahren will. Im Winter trägt man seine Dschallabija aus dunklen, schweren Stoffen, im Sommer kommt leichte, helle Ware auf die Haut. Die feine Bandbreite reicht von ägyptischer Baumwolle in Pastelltönen bis zu grauen Wollstoffen mit Nadelstreifen.

Wer etwas auf sich hält, und das tun einige, kauft seine Dschallabija nicht von der Stange. Während sich die Industrienationen auf Alltagskleidung aus moralisch zweifelhaften Massenproduktionen geeinigt haben, geht man in Ägypten auf dem Land noch zum Schneider und lässt sich sein Gewand auf den dicken oder dünnen Leib schneidern.

Ready-to-wear-Dschallabijas gibt es auch. Sie sind aus scheußlichen Synthetikstoffen, haben unförmige Kragen, eilig genähte Brusttaschen und schiefe Knopfleisten. Man konnte sie wunderbar den Touristen andrehen, als diese noch in Scharen auf den Sinai geflogen sind. Mit ihrer einfachen Machart sind sie eine karnevaleske Verzerrung des Originals, die nicht viel mit der traditionellen Variante zu tun hat und spätestens zu Hause im Keller, Schrank oder Müllsack verrottet.

Wer sich eine gute Dschallabija anschaffen möchte, sollte etwas Zeit einplanen und sich als Erstes auf den Weg zu einem richtigen Basar machen, auf dem die Einheimischen einkaufen. Nachdem man sich für einen der vielen Stoffe entschieden hat, braucht ein Schneider etwa einen Tag für die Verarbeitung. Währenddessen kann man sich umschauen, wie man so ein Gewand im Alltag trägt. Wenn es kalt ist, kommt ein Wollpullover darüber oder darunter, dazu ein klassischer karierter oder bestickter Schal. Natürlich werden Sie in Deutschland nicht mit einem Kaftan unter dem Parka in den Supermarkt gehen. Aber zu Hause, auf nackter Haut getragen, können Sie sich fühlen wie der junge Yves Saint Laurent.

Auf den Nilkreuzfahrten werden für die Touristen gerne »Dschalabija-Partys« gefeiert. Da müssen dann alle in den Hui Buh, Schlossgespenst-Billigvarianten erscheinen, die man an den Souvenirständen bekommt. Ein Reiseveranstalter erklärt auf seiner Homepage: »Sollten Sie keinerlei Interesse an einer Dschallabija-Party haben, können Sie einfach auf Deck oder in Ihre Kabine gehen und warten, bis die Feier vorüber ist.« Das klingt nach einem sehr guten Plan.

39

KENIA

SHUKA

Als fremde Ware von hohem
Wert waren Stoffe in Afrika
immer eine Art Währung.

Ein Freund von mir hat sich neulich aus Nairobi eine knallrot karierte Shuka mitgebracht. Dieses traditionelle Kleidungsstück der Maasai ist eine einfache Decke, die um den Körper gewickelt oder geknotet wird. Als ich den Freund darüber aufklärte, dass sein tolles Tuch aus Acryl sei, hat er es nie wieder angezogen. Das ist schade, aber auch ein Beweis dafür, dass kulturelle Aneignung ihre Tücken hat.

Die Maasai leben in Kenia und dem Norden Tansanias als Seminomaden von der Viehwirtschaft. Seit einigen Jahren kämpfen sie mit den Regierungen um ihren Lebensraum, denn die Weidegründe ihrer Herden liegen innerhalb der touristisch wichtigen Naturreservate. Mit ihren roten Shukas sehen sie in den Weiten der farblosen Steppe sehr malerisch aus. Safaritouren werben mit solchen Bildern und der Besuch eines Maasaidorfes ist obligatorisch. Konsequenterweise lassen sich die Maasai für Fotos, die Touristen von ihnen machen, bezahlen.

Shuka bedeutet in Maa, der Sprache der Maasai, Laken. Ursprünglich wurden die Tücher aus Tierhäuten hergestellt, die mit Tierfett und Terrakotta rot eingefärbt wurden. Erst seit den 1960er-Jahren gibt es die Shuka aus Stoff, heute wird sie vor allem als konfektioniertes Kleidungsstück angeboten. Auf den Packungen der Marke Butterfly steht: »The fabric with a Culture« und »The Warrior wear«.

Über die Herkunft des Tuches gibt es verschiedene Theorien. So wird oft angenommen, die Stoffe wären von schottischen Missionaren Ende des 19. Jahrhunderts nach Afrika gebracht worden. Allerdings ist der einfach karierte Stoff der Shukas kein Tartanstoff, denn für »echten« Tartan müssen verschiedene Karomuster asymmetrisch übereinandergelegt sein.

Wahrscheinlicher ist der Einfluss Indiens, das über das Meer nur einen Steinwurf von Ostafrika entfernt liegt. Schon Vasco da Gama berichtete von bengalischen Stoffen in der kenianischen Hafenstadt Malindi. Jahre später schifften die Portugiesen blau-weiß karierte Capotins aus dem indischen Gujarat an die afrikanische Ostküste, und nahmen auf dem Rückweg ein paar afrikanische Sklaven mit.

Ebenfalls nicht ganz sauber sind die karierten Baumwollstoffe von der anderen Seite, der Westküste Afrikas. Denn im 17. Jahrhundert wurden Karostoffe aus dem indischen Madras von den Franzosen und Engländern über London und Paris als Tauschware für den Sklavenhandel nach Westafrika exportiert.

Als fremde Ware mit hohem Wert waren Stoffe in Afrika immer eine Art Währung. Für die Kalabari, einen Stamm aus dem Nigerdelta, sind die Madrasstoffe fester Bestandteil ihrer nationalen Identität. Sie nennen sie »unser Tuch«, und um den Status einer verstorbenen Person zu demonstrieren, beerdigen sie ihre Toten in den Stoffen. Die Frauen schnitten und zogen aus den Karostoffen einzelne Schussfäden und ließen so neue Muster entstehen, die großartigen *Pelete Bite*. Die Kalabari haben sich die indischen Stoffe ausgesucht und zu einem Teil ihrer eigenen Kultur gemacht, weil sie ihnen gefielen.

Ähnlich könnte es auch in Ostafrika gewesen sein. Es gibt die Vermutung, dass eine Familie mit indischen Wurzeln in den 1960er-Jahren die rot karierten Stoffe produziert hat, welche die Maasai dann für sich ausgesucht haben.

2012 machte der damalige Creative Director von Louis Vuitton, Marc Jacobs, die karierten Shukas zum Thema seiner Sommerkollektion. Es gab daraufhin Bemühungen, den Maasai Lizenzgebühren für die Verwendung ihres Designs zu bezahlen. Die Frage ist, ob man das Geld nicht besser nach Indien schickt. Wenn man nur genau wüsste, wohin.

40

DECKEN DER BASOTHO

Zur Nationaltracht gehören
dicke, flauschige Wolldecken
mit großflächigen Mustern,
die elegant um die Schultern
gewickelt werden.

Auf dem Dach von Afrika kann es ungemütlich kalt werden. Dieses Dach ist das kleine Land Lesotho, eine Enklave in Südafrika, deren tiefster Punkt auf 1200 Metern liegt. Hier lebt, mit einem Bevölkerungsanteil von fast 100 Prozent, das Volk der Basotho, die natürlich sehr gut mit dem ungemütlichen Wetter umzugehen wissen. Zu ihrer nationalen Tracht gehören dicke, flauschige Wolldecken mit großflächigen Mustern, die sie elegant um ihre Schultern wickeln. Dazu tragen sie traditionell einen kegelförmigen Strohhut, den *Mokorotlo*. Der Hut hat angeblich die Form des landesweit bekannten Felsen Qiloane. Und auch wenn er dadurch Berühmtheit erlangt hat, dass er auf der Nationalflagge des Landes abgebildet ist, hält er nicht so warm wie ihre Wolldecken.

Die Basotho haben eine sehr enge und spezielle Verbindung zu ihren Decken. Für jede Lebensphase und jeden Übergang gibt es eine spezielle Ausführung. So sollte beispielsweise für die Beschneidungszeremonie der

Jungen das Modell *Moholobela* gewählt werden, das für Fruchtbarkeit steht. Das Muster bilden die fast hundert Jahre alten Poone Designs, ineinander verschlungene Maiskolben, die wie die Klecksbilder beim Rorschach-Test angeordnet sind. Zur Geburt ihres ersten Kindes bekommen Frauen in der Regel eine Serope-Decke geschenkt, die besonders weich ist. Und wer etwas von sich hält, der trägt zum Unabhängigkeitstag gleich drei Decken übereinander.

Der Kult um die Decke begann, als ein britischer Händler Ende des 19. Jahrhunderts dem damaligen König von Basutoland eine Decke schenkte, die dieser gar nicht mehr ablegen wollte, so sehr gefiel sie ihm. Es war die Zeit, als die meisten Basotho noch den *Kaross* trugen, einen gegerbten Umhang aus einfachen Tierfellen. Nur die Chefs durften Leopard oder Schakal tragen. Vielleicht lag es an einer verheerenden Rinderpest im Jahr 1890 oder daran, dass die Moderne anbrach, jedenfalls verschwanden die Tierfelle von der Bildfläche und Wolldecken kamen in Mode.

Der Wolldeckenmarkt wurde über viele Jahrzehnte von zwei englischen Stoffhändlern, den Brüdern Donald und Douglas Fraser, beherrscht. Heute werden die Decken exklusiv von Aranda Textiles in Südafrika produziert. Auch diese Firma hat europäische Wurzeln, wieder waren es Brüder, allerdings kamen sie diesmal aus Italien, aus einer Weberfamilie aus Prato.

»Victoria England« ist die älteste Marke, hier sind die Motive eher royal und kolonial mit Mustern aus Orden, Kronen oder Spitfire-Flugzeugen. Denn man griff immer schon gern auf aktuelles Zeitgeschehen zurück. Eine andere Linie heißt *Seanamarena*, was »getragen von den Chefs« bedeutet.

In allen Decken gibt es mehrere dünne Streifen, die durch das Muster laufen. Ursprünglich war es ein Webfehler, heute geben sie die Tragerichtung vor, denn die Decken werden, als Symbol des Wachstums, mit vertikal laufenden Streifen getragen. Traditionelle Modelle haben einen höheren Wollanteil als die neueren Kollektionen für den Massenmarkt. Die Rechte an den Decken gehören bis heute der königlichen Familie. Aranda hat nur die Lizenz und muss jedes neue Design erst mit den Eigentümern absprechen, also mit König Letsie III.

2017 wurden die Decken zum Thema der Louis-Vuitton-Herrenkollektion. Man benutzte die Designs der Basotho-Decken und verwendete sie auch als Accessoire auf dem Laufsteg, aber es wurde weder auf ihre Herkunft verwiesen noch mit den traditionellen Herstellern aus Lesotho gearbeitet. Das spricht nicht für das Modehaus. Aber die Decken sprechen zum Glück für sich.

41

ÖSTERREICH UND NIGERIA

AFRICAN LACE

Das in Österreich unter dem
Namen »African Lace« bekannte
Produkt wird in Nigeria
als »Austrian Lace« verkauft.

Man nannte sie Mama Bösch, Cash Papa oder Chief Blaser, aber eigentlich hießen sie Traudl, Edwin und Josef. Sie spielten keine Gangster in Mafia-Filmen, sondern waren Händler für Vorarlberger Stickerei und Pioniere des transkontinentalen Textilhandels mit Nigeria. Bis heute ist dies Geschäft ein wichtiger Wirtschaftszweig der Region, 2016 mit einem Exportanteil von 40 Prozent. Die meisten Betriebe liegen in der Gemeinde Lustenau. Das in Österreich unter dem Namen »African Lace« bekannte Produkt wird in Nigeria als »Austrian Lace« verkauft.

Seit dem 18. Jahrhundert war die Spitzenstickerei, ob anfangs von Hand oder später maschinell hergestellt, ein wichtiger Arbeitgeber Vorarlbergs. Als in den 1960er-Jahren die Geschäfte mal wieder schlechter liefen, suchte man in Lustenau nach neuen Absatzmärkten. Etwa zur gleichen Zeit, in den Jahren nach der Unabhängigkeit 1960, war man in Nigeria auf der Suche nach einer neuen, zeitgemäßen Version der Trachten. Galt es zu Anfang des

20. Jahrhunderts für die Elite des Landes noch als chic, sich in europäischer Kleidung zu zeigen, wurde dies im langen Kampf um die Selbstverwaltung immer unmöglicher. Wer will sich schon so anziehen wie seine Kolonialherren? Die Österreicher konnten den Nigerianern zur rechten Zeit einen Stoff anbieten, der perfekt zu der Neuinterpretation ihrer traditionellen Kleidungsstücke passte. Politik machte Mode, das war in anderen afrikanischen Staaten nicht anders. Kleider und Kaftane wie die *Agbada* waren nun aus importierten, fancy Spitzenstoffen statt rustikal handgewebt. Bingo! für die stilistisch hochmotivierte Bevölkerung.

Eigentlich ist Spitze kein Stoff, der traditionell in Nigeria zu Hause ist. Vergleichbar ist sie vielleicht mit dem durchbrochenen Stoff *Aso Oke*, einem traditionellen Textil der Yoruba. Und auch die Tattoos und Cuttings Westafrikas erinnern oft an Spitzenmuster. Der Schmerz, mit dem solche Attraktivität bezahlt wurde, war für einige Nigerianer vergleichbar mit den immensen Anschaffungskosten der importierten Stoffe.

Durch den Ölboom Nigerias in den 1970er-Jahren wurden die teuren Importstickereien zu populären Statussymbolen. Weil sie den Verlust alter, kultureller Werte fürchtete, reagierte die nigerianische Regierung mit einem Bann und Importverbot. Kritisiert wurde, neben dem Prunk der Luxusstoffe, auch die Freizügigkeit des Materials, dessen Löcher den Blick auf die Unterwäsche freigaben. Das hielt die Lustenauer jedoch nicht davon ab, die Ware über den Nachbarstaat Benin zu schmuggeln. »In schwarze Geschäfte verstrickt« titelte 1977 das Nachrichtenmagazin *Profil*. In den Skandal war auch der Schwager des damaligen Landwirtschaftsministers verwickelt.

Trotz dieser ambivalenten Haltung sind die Textilien aus Österreich heute in Nigeria ein integraler Bestandteil der traditionellen Kleidung. Im Austausch miteinander entwickelten die Händler neue Moden – Spitzenstoffe, auf denen Motivreihen wie Rolls-Royce-Wagen rollten, High Heels nebeneinander klackerten und Mercedessterne glänzten.

Entscheidend für den Erfolg der Stoffe ist auch der *Aso Ebi*, wörtlich übersetzt mit »Verwandtschaftsuniform«. Auf großen Feiern tragen alle Frauen Kleider aus demselben Stoff. Stückzahlen, die jedes Händlerherz jubilieren lassen. Sie können sich das Spitzenfeuerwerk vorstellen, das perfekte Fotomotive für die vielen Celebrity-Magazine des Landes bietet. Die Yoruba sagen: »Attire makes the man« – Die Kleidung macht den Mann. Da muss man sich natürlich ins Zeug legen.

42

RUANDA

FRIEDENSKÖRBE

Sie wurden zum Symbol eines neuen Friedens, als sich die Frauen der Tutsi, Hutu und Twa vor zwanzig Jahren gemeinsam an das Korbweben machten.

In Afrika kann sich die politische Situation eines Landes schneller drehen als der Wind. Hätte ich vor einigen Jahren zum Thema »Korbwaren aus Afrika« auf die fein gearbeiteten Körbe aus Zimbabwe, die *Binga Baskets* der Batonga, hingewiesen, so ist es heute Ruanda, das nach dem Genozid von 1994 für einen Besuch infrage kommt, denn es gilt als sicheres und stabiles Reiseland. Seine prosperierende Wirtschaft mit einem jährlichen Wachstum von 7 Prozent ist besonders den fleißigen Frauen des Landes zu verdanken, die von der Presse gern als »Trümmerfrauen Afrikas« beschrieben werden.

Das Korbweben gehört zu den ältesten Techniken der Menschheit und war in Afrika immer ein wichtiges Kulturgut. Jedes Land hat seine speziellen Körbe, die in der Regel von den Frauen gefertigt werden. In Ruanda sind es die *Agaseke*, Körbe mit spitz zulaufendem Deckel, die wie Heinzelmännchen aussehen und in mehreren Größen ineinandergesteckt werden. Da sie vor allem in den aristokratischen Kreisen der Tutsi gemacht wurden, galten sie lange Zeit als Statussymbole, die nur jemand aus den oberen Schichten der Bevölkerung besitzen konnte. Sie wurden zum Symbol eines neuen Friedens, als sich die Frauen der Tutsi, Hutu und Twa vor zwanzig Jahren gemeinsam an das Korbweben machten. Deshalb werden sie auch Friedenskörbe, *Agaseke k'amahoro*, genannt.

Diese in Ruanda und seinem Nachbarland Burundi grundlegende Handwerkskunst wird in den Familien von Generation zu Generation weitergegeben. Körbe waren lange das einzige Aufbewahrungsmöbel in den Hütten. Traditionell wurden in ihnen je nach Größe Schmuck oder Lebensmittel aufbewahrt. Drei Körbe brauchte eine Frau mindestens: Einen für das Essen von Mann und Kindern, einen für die Bewirtung von Gästen und einen für die Aussaat von morgen.

Da die Körbe einen Deckel haben, werden sie auch oft als Geschenkverpackung eingesetzt, und es umgibt sie ein leichter Hauch von Geheimnis. Angeblich wurde in Ruanda das Laken der Hochzeitsnacht in ihnen aufbewahrt und nur Braut und Bräutigam wussten, ob es voller Blut war, oder eben nicht. Vor ihrer Hochzeit mussten die Frauen einige Zeit im Haus ihrer künftigen Schwiegermutter leben und für diese Körbe flechten. Wurden sie nicht rechtzeitig mit ihrer Flechtarbeit fertig, galten sie als faul. Und ihre Familien gerieten in ein schlechtes Licht, weil sie es nicht geschafft hatten, der Tochter ordentliches Korbweben beizubringen.

Bis heute werden die Körbe nicht nur für den Verkauf gewebt. Sie sind vor allem Dekorationsobjekte, die häufig symbolisch für Hochzeiten eingesetzt werden. Viele sind aus dickem Material, so können sie schneller gemacht werden, was man ihnen dann leider auch ansieht.

Unternehmen wie Gahaya Links, das von den Schwestern Joy Ndunguste und Janet Nkubana gegründet wurde, die in den Flüchtlingscamps in Uganda groß geworden sind, sind heute Vorzeigeobjekte. Über 5000 Handwerkerinnen sind in unterschiedlichen Kooperativen im ganzen Land für sie tätig. Wobei die Frauen rund 10 Stunden mehr in der Woche arbeiten als die Männer, weil sie noch für Kinder und Haushalt zuständig sind. Und Ruanda, der Vorzeigestaat Afrikas, wird von dem autokratisch regierenden Präsidenten Paul Kagame geführt, ohne Opposition und Pressefreiheit, Andersdenken ist nicht erwünscht. Sie können sich ja noch überlegen, ob Sie ihm einen Korb geben würden oder nicht.

43

BOLIVIEN

BOWLER-HUT

Der Bowler-Hut ist so etwas
wie das signature piece der
Frauentrachten aus dem andinen
Lateinamerika.

Der Bowler-Hut ist so etwas wie das *signature piece* der Frauentrachten aus dem andinen Lateinamerika. Ein Accessoire, das den bunten Glamour der Outfits der Aymara und Quechua perfekt unterstreicht. Klein und wichtig thront er in der Mitte des Kopfes und streckt so die ausladenden Silhouetten mit den vielen weiten und bunten Volantröcken und den wolligen Oberteilen.

Cholitas, so werden diese traditionell gekleideten Frauen in Bolivien, Peru und Chile genannt. Der Name ist die Verniedlichung von *Cholo*, einer abwertenden spanischen Bezeichnung für Menschen mit indigenen Wurzeln. Heute nennen sich die Frauen selbst stolz Cholitas. Sie haben eine eigene Wrestlingszene, spielen gerne Fußball und sind sehr clevere Geschäftsfrauen. Der zu kleine Männerhut passt da gut ins Bild. Und lässt die Männer mit ihren selbst gestrickten Puschelmützen, den *Chullos*, ganz schön alt aussehen.

Bekannte Bowler-Hut-Träger sind bisher nur Männer. Zu der illustren Gruppe gehören

Pan Tau, Winston Churchill und der amerikanische Revolverheld Butch Cassidy.

Man kann den Bowler in tausend Varianten auf jedem Markt kaufen, und gewinnt auch sofort das Wohlwollen der Bevölkerung, wenn man es als Gringo tut. Es gibt regionale Unterschiede in der Form des Hutes und der Art und Weise, ihn zu tragen. So soll dies in manchen Gebieten Aufschluss über den Familienstand geben, was für traditionelle Kleidung nicht ungewöhnlich ist.

Ein gut gemachter Bowler kostet nicht viel, es kommt allerdings darauf an, wie smart man verhandelt und wie man vom Verkäufer des Stückes eingeschätzt wird, was am Ende vielleicht auch dasselbe ist. Spätestens hier kann es passieren, dass man für herablassendes Verhalten, Anbiederei oder falsches Mitleid bestraft wird.

Wie die Hüte nach Bolivien kamen, dazu sind verschiedene Erklärungen im Umlauf. Nach der einen war es ein italienischer Herrenhutfabrikant, nach der anderen eine Hutfirma aus Manchester, welche die englischen Eisenbahnarbeiter belieferte. Einmal war es eine falsche Lieferung und die Hüte waren alle zu klein für die Männer. Ein anderes Mal war die kleine Krempe einfach zu schmal, um gegen die bolivianische Sonne zu schützen. Auf jeden Fall wurden sie nicht verkauft und da treffen sich die Geschichten wieder. Die Firma, welche die Hüte importierte, begann sie als letzten Schrei der italienischen Mode bei den Landfrauen anzupreisen. Und wie man bis heute sehen kann: Das Konzept hat eingeschlagen wie eine Bombe. Alle wollten den Bowler. Eine andere Geschichte besagt, dass die Exportfirma die Hüte mit dem Versprechen anpries, sie würden die Fruchtbarkeit steigern. Auch das ist natürlich ein großartiges Verkaufsargument.

Die heutige Tracht der Cholitas beruht auf der rigiden Kleiderordnung der Spanier, die Ende des 18. Jahrhunderts der indigenen Bevölkerung das Tragen ihrer Trachten verboten hatten. Die Frauen verwendeten dann europäische Schnitte, aber zusammen mit ihren traditionellen Materialien, Farben und Mustern. So entstanden die weiten wollenen Röcke, die *Polleras*, oder die engen Bolerojacken. Auch die gerüschten Schürzen sind eine Art folkloristischer Hybrid. Macht alles nicht schlank, aber die Cholitas tragen diese eigene Interpretation von westlicher Kleidung bis heute, ohne sich von modischen Veränderungen beeinflussen zu lassen. Denn auch wenn sie damals halbseidenen Marketingkonzepten aufgesessen sind: Cholita zu sein ist eine Frage der Ehre.

44

BOLIVIEN

DER EKEKO

Als Singlefrau sollte man sich
besser keinen Ekeko anschaffen,
er ist sehr eifersüchtig und würde
niemals einen anderen Mann im
Haus dulden.

Märkte in den Anden zu besuchen ist immer eine schöne Sache. In der Zone zwischen Lebensmitteln, Saftbars und Haushaltsgegenständen ist meistens der Platz für die *Curandero Shops*, die Geschäfte, wo Heiler ihre Besorgungen machen. Da kann man für rituelle Opfergaben fertig gepackte Zellophanbeutel mit bunt gefärbten Zuckermotiven kaufen, und Tonmänner in verschiedenen Größen, mit Schnauzbart und Wollmütze, die mit allerlei Miniaturen bepackt sind. Sie stellen die Figur des Ekeko dar, den Gott der Fülle und des Wohlstandes, der für die Bolivianer und Peruaner sehr wichtig ist und den man in jedem Wohnzimmer auf dem Altiplano finden kann. Als Gott der Fülle hat er im Puppenstubenformat alles dabei, was man sich wünschen kann. Neben den Klassikern Geld, Autos und Süßigkeiten jede Verlockung, welche die lokale Warenwelt so hergibt und das Leben leichter und schöner macht.

Der Ekeko stammt wahrscheinlich aus der über 2000 Jahre alten Tiwanuku-Kultur.

Schon damals gaben die Menschen ihren Wünschen eine Gestalt in Form von Miniaturen aus Metall, Stein oder Ton, bevor sie sie an ihre Gottheiten richteten. In präkolumbianischen Zeiten war die Figur des Ekeko nackt und sie hatte einen sehr großen Penis. Heute ist der Ekeko ein europäisch aussehender Mann, der die traditionelle Kleidung des Andenraumes trägt. Das haben sich natürlich die Spanier ausgedacht, die sich erst einmal mit ihm arrangieren mussten.

Es ist üblich, dem Ekeko eine brennende Zigarette in den offenen Mund zu stecken. Je länger sie brennt, umso wahrscheinlicher ist es, dass die Wünsche in Erfüllung gehen. Außerdem ist es besser, wenn man den Ekeko geschenkt bekommt und ihn nicht selbst kauft. Ferner sollte man niemals zwei Ekekos gleichzeitig zu Hause haben. Denn dann konzentriert sich der eine nicht mehr auf seinen Job der Wunscherfüllung, sondern kämpft nur noch mit dem anderen um die Herrschaft im Haus. Als Singlefrau sollte man sich besser keinen Ekeko anschaffen, er ist sehr eifersüchtig und würde niemals einen anderen Mann im Haus dulden. Das gilt natürlich nicht für Ehepaare. Ja, der Ekeko ist ein Macho.

Es gibt ein eigenes jährliches Fest für den Ekeko, das *Alasitas* heißt, was auf Aymara »Kauf mich!« bedeutet. Ende des 18. Jahrhunderts wollte der Gouverneur von La Paz, Sebastián Segurola, mit der indigenen Bevölkerung endlich Frieden schließen und belebte dieses traditionelle Fest rund um den Ekeko und die Miniaturwünsche neu. Es gibt kleine Koffer voller Geld, Schubkarren mit Baumaterial, winzige Computer, Häuser, Visa oder Pässe. Und sehr viele klitzekleine Hühner und Hennen, die einen neuen Partner herbeizaubern können.

Für die Wunscherfüllung ist es von Vorteil, wenn man sich den Ekeko oder die Miniatur nach dem Kauf von einem Schamanen segnen lässt. Man kann sie auch auf dem Vorplatz oder in der Kathedrale von La Paz von katholischen Priestern segnen lassen. Ein schöner

Moment des Synkretismus, der Vermischung verschiedener Religionen. Das Festival steht seit 2017 auf der Liste des immateriellen Weltkulturerbes der Unesco.

2014 musste das Historische Museum in Bern eine Figur des Ekeko an Bolivien zurückgeben. Bis heute ist man sich nicht ganz einig, ob sie wirklich einen Ekeko darstellt, auf jeden Fall ist sie eines der besterhaltenen Zeugnisse der Pukuara-Kultur, die es zwischen 200 v. Chr. bis 200 n. Chr. am Titicacasee gegeben hat. Der Naturforscher Johann Jakob von Tschudi, ein eifriger Befürworter des Sklavenhandels, hatte die Statue 1858 in einem Dorf nahe Tiwanuku erstanden, nachdem er alle Beteiligten mit Schnaps abgefüllt hatte. In Bern wurde die Figur unter der Bezeichnung »Steinfigur BHM Inv. Pe 145« gezeigt. Jetzt heißt sie wieder Ekeko.

45

KOLUMBIEN

TASCHEN DER WAYUU

Je perfekter eine Frau häkeln
kann, umso größer ist ihr Ansehen
innerhalb der Gemeinschaft.

Es geht wieder bergauf in Kolumbien. Nach Jahren des Drogenkrieges brachte der Friedensschluss der kolumbianischen Regierung mit der Guerillagruppe FARC die nötige Ruhe. Es heißt nun, Kolumbien sei auf der touristischen Landkarte zurück und man solle sich beeilen. Und weil das Böse so gern glamourös daherkommt, fahren die Menschen nun nach Medellin und buchen Pablo-Escobar-Gedenktouren, im Hinterkopf die Serie *Narcos* des Streamingkanals Netflix. Ein Besuch der Wayuu, einem indigenen Volk, das auf der Halbinsel La Guajira im äußersten Nordosten des Landes lebt, fällt da leider flach. Die Wayuu sprengten auch keine Passagierflugzeuge in die Luft, sondern häkeln kleine, bunte Taschen.

Als Seminomaden pendeln die Wayuu zwischen Kolumbien und Venezuela hin und her. In La Guajira leben sie in einer simplen Natur mit viel Wüste und Sandstrand unter ebenfalls simplen Bedingungen unterhalb der Armutsgrenze. Ihre Siedlungen bestehen aus fünf bis sechs Familien, man nennt sie Rancherias. Im Zentrum einer *Rancheria* steht der kommunale Platz, der mit Schattendächern und Hängematten eingerichtet ist. Diese Hängematten werden von den Frauen selbst gehäkelt, eine Kunst, die heute eine wichtige Erwerbsquelle für die Familien ist. Sie häkeln auch *Mochilas* (Rucksäcke), Taschen und Beutel. Ihre Muster und Symbole nennt man *Kaanás*: die Kunst, Zeichnungen zu weben. Angeblich wurde ihnen diese durch eine verzauberte Spinne beigebracht, in der Sprache der Wayuu die *Wale'kerü*.

Die Familien der Wayuu sind matrilinear organisiert, der Name der Mutter wird an die Kinder weitergegeben, den Familienvorstand haben die Frauen. Das Weben ist ein integraler Bestandteil der Übergangsriten vom Mädchen zur Frau. Nach ihrer ersten Menstruation dürfen sie ein Jahr lang das Haus nicht verlassen. In dieser Zeit sollen sie ihre Kindheit hinter sich lassen, Kontakt ist nur mit anderen weiblichen Familienmitgliedern gestattet. Nach verschiedenen Initiationsriten, in denen es um heiße Bäder, Haare schneiden und Erbrechen geht, beginnt die Erziehung zur Frau, und da ist das Häkeln eine ganz wichtige Sache. Je schöner und perfekter eine Frau häkeln kann, umso größer ist ihr Ansehen innerhalb der Gemeinschaft. Die Männer dürfen in dieser Heimindustrie natürlich auch mitmachen. Allerdings eher mit einfachen Tätigkeiten wie Materialeinkauf, Logistik und, wenn die Tasche fertig ist, mit dem Anfertigen des Gurtes.

Es gibt zwei verschiedene Macharten der Taschen, je nachdem, ob sie mit einem einfachen oder doppelten Faden gemacht sind. Taschen aus doppelten Faden sind schwerer, aber auch schneller herzustellen und somit günstiger als die Taschen, die aus einem einzelnen Faden gehäkelt wurden. Für sie braucht man circa zwanzig Tage, während ihre dicken Schwestern schon in zehn Tagen fertig sind. Die Verschlussbänder der schweren und günstigeren Taschen bestehen aus einfachen Kordeln und der Tragegurt ist dehnbar.

Beide Details sind bei den teureren Taschen feiner und stabiler gemacht.

Die Taschen und Hängematten der Wayuu kann man heute in der ganzen Welt kaufen, vor allem in Internetshops. Dazu passt, dass in der Welt der Wayuu alles auf der Erde miteinander verbunden ist und alles eine Seele hat, sei es ein Stück Kohl, eine Kuh oder ein Mensch. Und eine Mochila ebenso wie ein T-Shirt mit dem Konterfei von Pablo Escobar.

46

MEXIKO

POINTY BOOTS

Kennen Sie Nudie Cohn,
den Schneider von Elvis Presley?

Kennen Sie Nudie Cohn, den Schneider von Elvis Presley? Nudie, der eigentlich Nuta Kotlyarenko hieß und 1902 in der Ukraine geboren wurde, kam mit elf Jahren nach Amerika und machte als Erwachsener die glamourösesten Westernoutfits, die man sich vorstellen kann. Mit Pailletten, Perlen und Strassgewittern platzierte er auf seinen bunten, folkloristisch anmutenden Rodeo-Anzügen Kakteen, Gitarren, Pferde, Sombreros und Sonnenuntergänge. Hollywoods Strass-Cowboys, wie John Wayne und Hank Snow, waren genauso verrückt nach seinen Kreationen wie Dolly Parton oder Cher.

Auch die dazu passenden exaltierten Schuhe mit viel Glitzer und wilden Motiven scheinen ein Thema für Einwanderer gewesen zu sein. Nicht wenige der großen Rodeo-Boots Manufakturen und Fabriken in Amerika sind von Sizilianern, Polen oder Ukrainern aufgebaut worden, von Leuten aus Ländern, die alle mit einer dekorativen, ornamentalen Volkskunst auftrumpfen können.

Und genau hier liegt die Schnittmenge zur Handwerkskunst der Mexikaner, den anderen Einwanderern des Landes, die heute im amerikanischen Cowboyschuh-Business zu Hause sind. Wenn staubige, stramme Kuhhirten aus El Paso auf laute Mariachi-Musik, herausgeputzte spanische Stierkämpfer und mexikanische Vaqueros treffen, nennt man diese Mischung »Texican«. Der Chefdesigner von Nudie Cohn war übrigens der Mexikaner Manuel Cuevas. Die amerikanischen Nationalschuhe wären ohne Einwanderer heute vielleicht nur öde braune Stiefel, die niemals mit der Sonne um die Wette funkeln würden. Das eigentliche Zuhause der glitzernden Rodeo-Boots ist Mexiko. Cowboystiefel gibt es hier seit 200 Jahren. Sie waren immer eher für Freizeit und Show gemacht als für die Landarbeit. Sie sind flacher als amerikanische Stiefel und wurden anfangs oft aus exotischem Schlangen- oder Alligatorenleder gefertigt.

Die Schuhhauptstadt des Landes ist Léon, im zentralen Hochland, nördlich von Mexiko

City. Von hier ist es nicht mehr weit in die Stadt Matehuala im Bundesstaat San Luis Potosi, der Heimat der *Pointy Boots*. Ihre überlangen Schuhspitzen reichen am besten bis zu den Knien und biegen sich wie Fingernägel, die seit Jahren nicht geschnitten wurden. »Very tacky mexican« und ein Albtraum für jeden Marlboro-Mann. Dafür aber eine große Freude für jeden Leningrad Cowboy. Man nennt sie auch Chuntaro-Boots, *Chuntaros* sind die coolen Kids aus dem Ghetto.

Die Schuhe mit den angeblich längsten Spitzen der Welt kamen 2009 auf. Sie entstanden aus Wettbewerben mit den Nachbarorten von Matehuala, wer denn wohl die längsten und coolsten Schuhe hat, und sind anscheinend etwas aus dem Ruder gelaufen. Wer hier in den Clubs und auf den Rodeotanzflächen mitmischen will, der muss Pointy Boots und Skinny Jeans tragen und er sollte zu Guarachero tanzen können, einer Mischung aus House, kolumbianischen Cumbia Rhythmen und einheimischer Musik. Bei Tanzwettbewerben werden mit viel Tamtam regelmäßig die schönsten und längsten Pointy Boots prämiert. Mittlerweile gibt es in Amerika mehr Pointy-Boot-Träger als in Mexiko, was natürlich an den mexikanischen Einwanderern liegt. Viele von ihnen arbeiten in den amerikanischen Cowboyschuh-Manufakturen im Südwesten. »There'll be a load of compromisin' on the road to my horizon«, sang Glen Campbell 1975, »but I'm gonna be where the lights are shinin' on me. Like a rhinestone cowboy.« Echte Strass-Cowboys kennen keine Grenzen, sondern nur das Licht.

47

PERU

CHULLOS

Als textile Visitenkarte sind die Chullos ein Kommunikationsmittel, das Auskunft über Herkunft und Familienstand gibt.

»Nooooooo, tutto Acrylico!«, antwortet mir die Verkäuferin stolz auf die Frage, ob sie denn auch Alpakawolle in ihrem Wollgeschäft verkaufe. Dabei macht sie eine ausladende Handbewegung in Richtung ihrer reichen, farbintensiven und hochbrennbaren Warenwelt. Dieser Moment beschreibt die Wollsituation in Peru und Bolivien schon relativ genau. Auch wenn man auf einer Reise durch die Anden eine Menge Lamas und Alpakas sieht, für die indigene Bevölkerung ist industriell hergestelltes Synthetikgarn in den meisten Fällen alternativlos.

Man kann es gut an den *Chullos* erkennen, den bunten Wollmützen mit den Ohrenschonern, die seit den Siebzigerjahren mit jeder modischen Hippiewelle nach vorn geschwemmt werden. Um dann genauso schnell wieder zu verschwinden.

Die Einheimischen tragen sie bunt und strahlend. Die mikrofeinen Muster sind mit Stricknadeln so dünn wie Stopfnadeln aus superfeiner Acrylwolle gestrickt. Das dauert ungefähr vier bis sechs Wochen, gestrickt wird von Frauen und von Männern. Das Resultat sollte dann so engmaschig sein, dass die Mützen Feuchtigkeit abhalten und Wassertropfen auf ihnen abperlen können. In den Augen der Aymara und Quechua ist dies ein Kennzeichen von echter Qualität. Das Stricken haben die Andenbewohner von den Spaniern gelernt. Mützen aus Wolle gab es auch in präkolumbianischen Zeiten, da wurden sie aber ohne Nadeln geknotet oder geknüpft.

Für Touristen produzierte Mützen sind aus reiner Alpakawolle, in müden Farben und mit groben Maschen gestrickt. Wenn sie mit Wasser in Berührung kommen, werden sie zu einem nassen Klumpen. Trotzdem rümpfen die Touristen die Nase, wenn sie die bunten Synthetik-Chullos in den Händen halten, während sie selbst die klassische Touristen-Funktionsbekleidung tragen, die noch nie mit einem Stück Naturfaser in Berührung gekommen ist.

Reine Schafwolle, und zwar so verschwenderisch als würde es kein Morgen geben, verwenden die Einheimischen vor allem für ihre Wolldecken, die *Frazadas*.

Als textile Visitenkarte sind die Chullos aus »Acryllico!« ein Kommunikationsmittel, das Auskunft über Herkunft und Familienstand gibt.

In Bolivien haben die Mützen feine Muster und figurative Motive, in Peru, in der Region um Cusco, liebt man den großen Auftritt mit vielen Quasten und Pompons. Besonders wenn man unverheiratet ist und die ganze Aufmerksamkeit auf sich lenken möchte. Die Mützen sitzen immer nur ganz oben auf dem Kopf und erinnern in ihrer Zipfelmützenhaftigkeit an die gute alte Schlafmütze.

Größere Bekanntheit in Sachen Wolle und Mützen haben die strickenden Männer auf der Insel Taquile auf der peruanischen Seite des Titikakasees. Den See teilen sich Peru und Bolivien, wobei die Peruaner der Meinung sind, sie hätten die Seite »Titi« und die Bolivianer die

Seite »Kaka«. Ein Kinderwitz, den hier jeder Fremdenführer parat hat, auch andersrum in Bolivien. Die Textilkunst aus Taquile ist seit 2008 als immaterielles Kulturerbe der Menschheit der Unesco gelistet, da sie ein wichtiges Kommunikationsmittel im sozialen Miteinander ist. Die Frauen schenken zum Beispiel ihrem Mann zur Hochzeit einen Gürtel, in den sie ihre eigenen Haare eingewebt haben, als ein Symbol ewiger Verbundenheit.

48

PERU

WAQ' OLLO

Bei uns würden sie Sturmhauben heißen und unter das Vermummungsgesetz fallen.

Es gibt viele Arten Weihnachten zu feiern, aber eine der schlausten kommt aus den Anden in Peru. Während es bei uns spätestens am ersten Weihnachtsfeiertag mit der Harmonie zum Fest der Liebe vorbei ist und die ungelösten Konflikte das Ruder übernommen haben, sehen die Peruaner dieser Situation direkt ins Auge. Denn sie haben *Takanakuy*, einen rituellen Faustkampf, der am 25. Dezember für Familien und Freunde ausgetragen wird. Dafür binden sich Männer und Frauen ihre Fäuste mit gewebten Stoffgurten ab und starten ihren weihnachtlichen Fight Club.

Takanakuy heißt auf Quechua so viel wie »wenn das Blut kocht«. Gefeiert wird es von der indigenen Bevölkerung, weit abgeschieden in der Provinz Chumbivilcas. Ursprünglich kommt Takanakuy aus der Provinzhauptstadt Santo Tomás, hat sich aber heute auf die gesamte Region ausgebreitet.

Es gibt ein paar Regeln, aber im Grunde ist es eine Feier der Selbstjustiz. Wenn die nächste Polizeistation zwölf Stunden entfernt ist, muss man sich als Dorfbewohner eben selbst helfen. Zwischen der übermächtigen Natur und der Abgeschiedenheit der Dörfer ist viel Platz für Autonomie. So werden die über das Jahr angesammelten Straftaten am 25. Dezember von den Beteiligten eigenmächtig ausgehandelt. Das geht von gestohlenen Schafen und Grenzstreitereien bis zu ausgespannten Freundinnen oder übler Nachrede. Die Kämpfe dauern oft nur wenige Minuten, sie beginnen und enden immer mit einem Handschlag oder einer Umarmung. Während des Kampfes gilt es, niemanden zu treten, der schon am Boden liegt. Und es gibt eine Art Schiedsrichter, der mit einer Peitsche dazwischengeht, wenn der Kampf zu einseitig wird. Ach ja, und getrunken wird natürlich auch. Besonders beliebt ist immer noch *Chicha*, ein selbst gebrautes Kornbier, in das für die Fermentierung gerne hineingespuckt wird.

Takanakuy ist kein Fest der Brutalität, es ist eher eine soziale Katharsis, für die Menschen bereit sind, zum Zwecke der Gemeinschaft einige Hiebe einzukassieren. Die Wurzeln des Festes gehen wahrscheinlich auf Prä-Inka-Zeiten zurück. In Santo Tomás gehört Weihnachten und das lustige Faustfest auf jeden Fall zusammen.

Aber wo bleibt das Souvenir? Das Mitbringsel für Weihnachten sind die *Waq'ollos*, gestrickte Masken aus regenbogenfarbener Acyrlwolle, die ein wichtiger Teil des Takanakuy-Outfits sind. Je nach Region haben sie unterschiedliche Farbkombinationen, allen gemeinsam ist der dünn aufgestickte Schnurrbart à la Salvador Dali. Sie werden auch in anderen Gegenden und zu anderen Festen getragen und gehören zu den rituellen Kostümen, die für indigene Feierlichkeiten so wichtig sind. Für Takanakuy haben sie besonderen Sinn, denn so kann man seinen Chef verprügeln und das Ganze bleibt ein wenig nebulös. Bei uns würden sie Sturmhauben heißen und unter das Vermummungsgesetz fallen. Damit man nicht erkannt wird, sollte man außerdem seine Stimme verstellen und in Piepstonlage sprechen. Zu den Mützen trägt die Jugend in Santo Tomás verschiedene Kostüme, wie den Q'*ara gallo*, den nackten Gockel, die Heuschrecke Q'*ara capa*, oder *Qarawatannas*, die beliebteste Verkleidung: ein ausgestopftes Tier auf dem Kopf, das an einen Greifvogel oder einen Fuchs erinnert. Wenn man dazu noch die langen schwarz-weiß bestickten Motorradgamaschen trägt, fängt der Gegner bestimmt an zu zittern.

Aber vielleicht reichen ja schon die Waq´ollos, um das nächste Weihnachtsfest mal etwas anders zu gestalten und den zu erwartenden Streitereien einen rituellen Rahmen zu geben. Eine Weihnachtsgans lässt sich allerdings mit den Masken auf dem Kopf nicht so gut essen.

49

USA

FLAMINGOS

Die internationale Karriere der Flamingos nahm 1972 mit John Waters´ Trash Movie *Pink Flamingos* dann richtig an Fahrt auf.

Das erste Mal in Miami war ich Anfang 1987. *Miami Vice* lief seit einigen Wochen im deutschen Fernsehen und in der *Tempo*, dem Lifestyleblatt der 1980er-Jahre, stand ein großer Bericht über das wiedererwachte Miami Beach und seine neu renovierten Art-déco-Hotels. Vor Ort stellte sich schnell heraus, dass der Hype zu groß geraten war. Die Straßen waren leer und staubig, ab und an huschte eine Gruppe pastellfarben gekleideter Rentner oder ultraorthodoxer Juden durch das Bild, deren schwarze Kleidung so gar nicht zu dem Wetter passte. Nur in den vielen Frisörstuben war die Hölle los. Meterlange Schlangen riesiger, rosafarbener Trockenhauben, unter denen gelangweilt alte Damen mit blaustichig grauen Locken saßen. Damals kaufte ich mir auf der Lincoln Road, die natürlich noch keine Fußgängerzone war, in einem Kramladen eine Brosche, auf der neben einem rosafarbenen Flamingo zwei Palmen, ein Seepferdchen und ein Orangenbaum abgebildet waren. Während die Motive »Pink Flamingo« und

»Palme« eine steile Karriere gemacht haben, sind »Orange« und »Seepferdchen« als Symbole für das touristische Florida etwas ins Hintertreffen geraten.

Nach neusten Forschungsergebnissen gehören die wild lebenden Flamingos in Florida zur natürlichen Fauna des Bundesstaates und wurden nicht vor 90 Jahren eingeschleppt, wie bisher geglaubt. Miami Beachs erstes Grand Hotel, das Flamingo, machte den Vogel in den 1920er-Jahren zum Synonym für Aufschwung und Wohlergehen. Als typisches Motiv des Tropical Art déco in Miami findet man ihn heute auf vielen Wänden der hübsch renovierten Häuser in einem der größten erhaltenen Art-déco-Viertel der Welt.

Über die Grenzen Floridas hinaus bekannt wurde der Flamingo Mitte der 1950er-Jahre als pinkfarbenes Plastikpaar für den Garten. Der Designer Donald Featherstone kreierte sie 1957 für die Firma Union Products nach einem Foto aus *National Geographic*. Featherstone, der eigentlich Kunst studiert hatte, war in der Firma für die dreidimensionalen Tierobjekte zuständig und arbeitete nach dem Motto: »Ein leerer Rasen ist wie ein leerer Tisch.« Er selbst trug 35 Jahre lang mit seiner Frau einen extremen Partnerlook mit fast identischen Outfits, was ihm definitiv besser stand als ihr.

Die internationale Karriere der Flamingos in der Welt des *Tacky chic* nahm 1972 mit John Waters´ Trash Movie *Pink Flamingos* dann richtig an Fahrt auf. Der Film hat seinen Namen von den pinkfarbenen Plastikflamingos, die Mr. Featherstone einst entwarf und die von Waters vor dem Wohnmobil seiner Darstellerin Devine aufgestellt wurden. Als »filthiest person alive« machte sie in dem Film vor keiner sexuellen und geschmacklichen Eskapade halt, von Hundekot essen bis zu Sex mit Hühnern. John Waters selbst bezeichnete seinen Film als eine Lektion des schlechten Geschmacks. Auf jeden Fall ist er das Gegenteil seiner stilistisch einwandfreien Kindheit. Seine Mutter war die Präsidentin des lokalen

Gartenclubs in Baltimore, und Plastikflamingos waren in ihrer Welt so etwas wie der Antichrist.

Wenn nicht mittlerweile jede Billigwerbung mit Flamingodekorationen um sich schmeißen würde, wären die Tiere ein perfektes Souvenir. Heute ist die Welt in Deutschland genauso voll mit Flamingos wie die Welt in Florida. Und falls Sie sich kein Vintage-Flamingo-Objekt mitbringen möchten, können Sie sich ganz gemütlich in ihre Flamingobettwäsche kuscheln und aus ihrem Flamingobecher trinken. Nach Florida fahren müssen Sie dafür jedenfalls nicht.

50

USA

QUILTS

Neben Cowboys, Sheriffs und Hausfrauen tauchten immer wieder bunt gemusterte Steppdecken auf. Auch sie sind eine amerikanische Institution.

Für seine Arbeit als Kreativdirektor bei dem uramerikanischen Modelabel Calvin Klein griff der Belgier Raf Simons gern auf Archetypen des Landes zurück. Neben Cowboys, Sheriffs und Hausfrauen tauchten immer wieder bunt gemusterte Steppdecken auf. Auch sie sind eine amerikanische Institution.

Quilts wurden einst von den europäischen Siedlern in das Land gebracht, heute sind ihre Variationen so groß wie der Kontinent selbst. Anfangs aus Materialnot und Kälte entstanden, entwickelten sie sich schnell zu einem wichtigen Stück häuslicher Dekoration. Gegen Ende des 19. Jahrhunderts kamen die ersten Magazine und Musterbücher für das textile Werken daheim auf. Auch heute noch gibt es, neben dem Verkauf fertiger Decken, eine beeindruckend große Hobbyartikel-Industrie mit eigens für diesen Zweck produzierten Stoffpaketen.

Besondere Aufmerksamkeit verdienen die Quilts der Amish, die als protestantische Religionsgemeinschaft im 18. und 19. Jahrhundert in mehreren Wellen aus der Schweiz und Süddeutschland nach Amerika ausgewandert sind. Sie nannten sich selbst *Plain people*, einfache Leute. Gelernt haben sie die Technik des Quiltens von ihren Nachbarn aus England und Wales, allerdings waren sie konsequenter und minimalistischer im Design als die Angelsachsen von nebenan. Getreu ihrem Lebensmodell der isolierten Gemeinschaft, in der Ordnung und Disziplin zu den wichtigsten Tugenden gehören. Das jahrzehntelange Beibehalten ihrer damaligen Lebensweise führte auch dazu, dass die Textilien ihren ursprünglichen Stil bewahrten, der nach den spezifischen Vorschriften der Gemeinden stets abstrakt blieb. Muster waren nur erlaubt, wenn sie durch die unterschiedliche Anordnung von Stoffblöcken entstanden. Figurative Motive waren verboten, Farbexperimente dagegen erwünscht. Schaut man sich die Quilts genauer an, kann man manchmal erkennen, wie diese Regeln umgangen wurden und die Frauen, fast unsichtbar, mit kleinen

Stichen Motive wie Tierchen und Blumen auf den Oberstoff stickten.

Ebenfalls legendär sind die Quilts des afroamerikanischen Kollektivs Gee's Bend aus Alabama. Seit dem Anfang des 20. Jahrhunderts stellten die Frauen auf dieser ehemals von Sklaven bewirtschafteten Baumwollfarm aus Stoffresten Hunderte von sehr persönlichen Meisterwerken her. Den wie Gemälde wirkenden Quilts widmete das Whitney Museum in New York 2002 eine große Ausstellung. Für Interessierte bieten Frauen aus dem Kollektiv heute Workshops an.

2011 gab es eine beeindruckende Schau vom Folk Art Museum in New York: *Infinite Variety. Three Centuries of Red and White Quilts*. 650 verschiedene Quilts aus der Sammlung von Joanna S. Rose, alle in den Farben Rot und Weiß, wurden dafür in der Armory Hall in ihrer ganzen Vielfalt und Präzision, kreuz und quer hängend, gezeigt.

Den Flagship Store von Calvin Klein hatte der Künstler Sterling Ruby, der selbst aus

Pennsylvania kommt, auch mit sehr vielen Quilts dekoriert. ›It's about American horror and American beauty‹, sagte Raf Simons über seine Sommerkollektion 2017. Die Quilts gehören natürlich zu den »Beautys«.

ADRESSEN UND EINKAUFSTIPPS

EUROPA

1. BUNKERASCHENBECHER, ALBANIEN

Aschenbecher in Bunkerform gibt es in fast jedem albanischen Souvenirhandel. Sie kosten um die 5 Euro.

2. KÖNIG-LUDWIG T-SHIRT, DEUTSCHLAND

Schloss Neuschwanstein, Neuschwansteinstraße 20, 87645 Schwangau. T-Shirts mit verschiedenen Motiven ab 20 Euro.

3. HANDSCHUHE, ESTLAND

Auf dem täglichen Wollbasar in der Müürivahe Straße können Sie Handschuhe für 10 Euro aus Synthetik bekommen. Estonian Handicraft House, Pikk 22, 10133 Tallinn, Estland: Hochwertige handgestrickte Handschuhe. Tallinn Mardilaat: Der größte Markt für Handarbeiten ist der Martinsmarkt in Tallinn. Termine unter www.folkart.ee.

4. HIMMELI, FINNLAND

Klassische Modelle aus Stroh bekommen Sie am besten auf einem finnischen Weihnachtsmarkt. Urmas Veersalu bietet unter www.himmeli.net Sets zum Selbermachen an.

5. MARMORIERTE FAYENCEN, FRANKREICH

Jean-Claude Savalli, Faience APT, Rue Eugéne Brunel 20, Apt, Frankreich. Der Quereinsteiger Jean-Claude Savalli hat das Handwerk von seiner Nichte gelernt. Porzellanmanufaktur Pichon, Z-A pont des charrettes, 30700 Uzès, Frankreich. In Uzès, 90 km westlich von Apt, kann man ähnliche Marmorfayencen bekommen. La Tuile à loup, 35 Rue Daubenton, 75005 Paris, Frankreich: Auf traditionelle französische Töpferwaren spezialisierter Laden.

6. KOMBOLOI, GRIECHENLAND

Die Komboloi kosten in der meisten Souvenirgeschäften in Griechenland ein paar Euro. Dann sind sie allerdings aus Plastik. Ab circa 15 Euro gibt es Kolomboi aus Naturstein.

7. LOVE SPOONS, GROSSBRITANNIEN

Welsh love spoon gallery, Castle Street, Cardiff, Wales. Lovespoon Gallery: 492 Mumbles Rd, The Mumbles, Swansea SA3 4BX, Vereinigtes Königreich. In den meisten Geschäften können Sie die Löffel direkt personalisieren lassen.

8. DELFTER BLAU, HOLLAND

De Porceleyne Fles, Rotterdamseweg 196, 2628 AR Delft, Niederlande. Ein Frühstücksteller kostet je nach Bemalung um die 20 Euro. Koos Rozenburg, Markt 2, 2611 GT Delft, Niederlande. Hier gibt es antike Fliesen zwischen 10 und 290 Euro. Achten Sie auf die Höhe, denn je dicker die Fliese, desto älter ist sie.

9. IL CARRETTO SICILIANO, ITALIEN

Viele Souvenirgeschäfte sind in der Nähe des Fischmarktes in Catania auf der Via Giuseppe Garibaldi. Miniatur-Carretti als Staubfänger für zu Hause kosten um die 10 Euro, Stühle zwischen 300 und 400 Euro. Auch der Besuch bei einem Carretti-Maler kann sich lohnen. Z. B. bei Leonardo Gancitano in Mazara del Vallo.

10. GMUNDNER KERAMIK, ÖSTERREICH

Gmundner Keramik Manufaktur GmbH, Keramikstraße 24, 4810 Gmunden Österreich. Ein Frühstücksteller »Grüngeflammt« ab 15 Euro. Es gibt einen Bereich für II. Wahl. Auch die Suche auf Flohmärkten und in Antikgeschäften lohnt sich.

11. KARAKUL-HUT, OSTEUROPA

Im Sommer z. B. auf dem Matei Corvin Craft Market in der Fußgänger-zone von Cluj. Der Hut kostet circa 20 bis 30 Euro.

12. STANNIOLPAPIERKRIPPEN, POLEN

Krakauer Tuchhallen, Rynek Główny 1/3, 31-042 Kraków, Polen. Die Krippen kosten je nach Größe zwischen 10 und 200 Euro. Museumsshop Historisches Museum Krakau, Rynek Główny 35, 31-011 Kraków, Polen.

13. KOHLKOPFKERAMIK, PORTUGAL

Bordallo Pinheiro Factory Store R. Rafael Bordalo Pinheiro 53, Caldas da Rainha, Portugal.

14. SCHLIERENKERAMIK HOREZU, RUMÄNIEN

Kaufen Sie Produkte aus Horezu besser nicht in den Papierschachteln am nächsten Souvenirstand. Die sind in der Regel hässlich. Ceramica Pietraru, Str.Vladimirescu Tudor, 26, Horezu, Vâlcea, 245800, Horezu 245800, Rumänien. Größte Töpferei am Platz. My romanian Store, Strada Episcopiei 6, București 030167, Rumänien. Museumsshop des National Museum of the Romanian Peasant, Șoseaua Pavel Dimitrievici Kiseleff 3, București 011341 Rumänien.

15. MATRJOSCHKA, RUSSLAND

Fabrik Cholma-Malerei, Ulitsa Chkalova, 18, Semyonov, Nizhegorodskaya oblast', Russland, 606651. Spielzeugmuseum, Prospekt Krasnoy Armii, 123, Sergiev Posad, Moskovskaya oblast', Russland, 141300.

16. AVARCAS, SPANIEN

MIBO Migjorn Factory Shop. Polígono Industrial, Nave B6 07749 Es Migjorn Gran Menorca. Spanien. RIA Calle Trencadors, 25 07750 POIFE Ferreries, Menorca, Spanien. Auch in den Shops von Ciutadella oder Mahón kommt man nicht an den Lederlatschen vorbei. Um die 50 Euro.

17. VYSHYVANKA, UKRAINE

Bessarabian Market, 2, Bessarabs'ka Square, Kyiv Ukraine, 02000 Neue und alte Modelle ab circa 100 Euro. Flohmarkt auf dem Andreassteig in Kiev: Immer Samstag und Sonntag. Hier kann man schon für 40 Euro fündig werden, wenn man Glück hat. EtnoDim, Verkhnii Val St, 58, Kyiv, Ukraine, 02000: Hier gibt es für 100 Euro schöne, moderne Stücke aus Leinen oder Baumwolle. Etno-Halereya, Svobody Ave, L'viv, L'vivs'ka oblast, Ukraine, 79000 mit angeschlossenem, sehr empfehlenswertem Vyshyvanka-Museum.

18. HUSARENKRUG, UNGARN

Busi Kerámia, Tulipán út 12. 5400 Mezötúr Ungarn: Töpferei mit Schwerpunkt auf Miskakancsó, ab 20 Euro. Folkart Craftman´s House, 1052 Budapest Régiposta utca 12, Ungarn. Für industriell gefertigte Krüge zahlen Sie circa 15 Euro. Handgemachte gibt es zwischen 20 und 100 Euro.

ASIEN

19. CHURCHKHELA, ARMENIEN

Gum Market, 35 Movses Khorenats. Street, Yerevan 0018, Armenien. Gute Churchkhela bekommen Sie auf jedem ordentlichen Markt.

20. LUNGI, BANGLADESCH

Die besten Lungis bekommen Sie in Dhaka auf dem Basar in der Islampur Road. Gute Stücke kosten um die 5 bis 8 Euro.

21. TIGERMÜTZE, CHINA

Flower & Bird Jewellery Shopping Center Jing Xing Jie Wuhua Qu, 650221 Kunming Shi, Yunnan Sheng: Im zweiten Stock finden Sie Geschäfte mit alten Textilien der Ethnien. Auch in den Touristenorten im Norden Thailands können Sie die Tigermützen finden.

22. UIGURISCHE SEIDE, CHINA

In Ürümqi in der Nähe des Erdaoqiao Marktes gibt es einige gute Seidengeschäfte. Auf dem Basar in Kashgar gibt es sowohl bedruckte, als auch handgewebte Seidenstoffe.

23. DER WAMAO, CHINA

Neue Wamaos kosten circa 20 Euro, alte Dachkatzen gibt es ab 50 Euro. Museumsshop des Yunnan Nationalities Museum 1503 Dianchi Lu, 昆明Kunming滇池路1503号.

24. WOLLSTRÜMPFE, GEORGIEN

Dry Bridge Market, Kvishketi Str 1a, Tiflis: Neue Modelle kosten um die 5 Euro. Alte Strümpfe erkennt man an engmaschigen und elaborierten Mustern. Sie kosten dann auch gerne zehnmal so viel wie ein neues Paar.

25. JOSS PAPER, HONGKONG/CHINA

136–150 Queens Road West, Sheung Wan, Hongkong.
Ban Kah Hiang Trading, 107 Jalan Bukit Merah #01-1834 / 1836 Tiong Bahru Orchid, Singapore 160107.

26. LACKLÖFFEL, INDIEN

Nirona, Gujarat 370001, Indien: Die Kunsthandwerker für Lackarbeiten finden Sie im westlichen Teil des Dorfes. Khamir, Lakhond-Kukma Crossroads, Post Village Kukma, Taluka Bhuj, Kachchh, Gujarat 370105: Große Auswahl, aber schlechtere Qualität als in Nirona.

27. VOTIVPFERDE, INDIEN

Darbargadh Palace, Via: Khedbrahma, District Sabarkatha, Poshina, Gujarat 383422, Indien, www.poshina.in: Wenn Sie die Pferdeherde besuchen wollen, fragen Sie am besten hier nach einer Tour. Unbedingt hier übernachten!

28. SCHAH-ABBAS-TEEKANNE, IRAN

Basar in Isfahan: Besonders zu empfehlen sind die Keramikgeschäfte im Norden des Basars, nahe dem Qeyssarie Basar, auf dem Teppiche gehandelt werden.

29. KOKESHI-PUPPEN, JAPAN

Oedo Flohmarkt, 3 Chome-5-1 Marunouchi, Chiyoda, Tokyo 100-0005, Japan: guter Platz für Vintage-Puppen. Kokeshi Museum, Nihon Kokeshi Kan, 74-2 Narukonsenshitomae, Osaki 989-6827, Miyagi Prefecture. Kokeshi Shop Sakurai kokeshiten, 26 Yumoto, Narukoonsen, Osaki, Miyagi, 989-6823, Japan.

30. DER KRAMA, KAMBODSCHA

Toul Tum Poung Market (Russian Market) St 163, Phnom Penh, Kambodscha. Sopor Khmer Shop, 7 St. 246 (Vimol Thoam Thong) Behind Supreme Court, Phnom Penh, Kambodscha.

31. HAUSSCHUHE, KIRGISISTAN

Tsum Center, 155 Chuy Ave, Bishkek, Kirgisistan. Altyn Kol Women's Handicraft NGO, 22a Pioneerskaya Street, Kochor, Naryn Oblast 722500, Kirgisistan.

32. BESTICKTE TASCHEN, LAOS

Cama Crafts, Nokeokoummane Street, Ban Mixay, Vientiane, Laos. Hmong ABC, 217 Como Avenue, Suite 108, St. Paul, Minnesota 55103, USA: Unternehmen der Hmong, die nach dem Vietnamkrieg von Amerika aufgenommen wurden.

33. WRESTLINGHOSEN, MONGOLEI

Naran Tuul Market, Khoroo 14, Ulan Bator, Mongolei.

34. IKATSCHALEN, TÜRKEI

Grand Basar Beyazıt Mh., Kalpakçılar Cd. No: 22, 34126 Fatih/Istanbul,

Türkei: Waren aus Zentralasien findet man im nordöstlichen Teil des Basars. Aziz Özcan, Ya lıkçılar Cad. ç Cebeci Han No: 58 Kapalıçar ı, Fathi Istanbul, Türkei: Große Auswahl!

35. EINE DOSE PLOW, USBEKISTAN

Man bekommt sie im Lebensmittelhandel und Souvenirgeschäften für circa 3 bis 4 Euro.

36. GEDENK-SUZANIS, USBEKISTAN

Auf dem Sonntagsbasar in Urgut, 40 km von Samarkand entfernt, können Sie im hinteren Teil des Basars fündig werden.

37. JACKEN DER DZAO, VIETNAM

Sapa Market, QL4D, TT. Sa Pa, Sa Pa, Lào Cai 330000, Vietnam: Die Frauen mit den Handarbeiten sind im ersten Stock. Vietnamese Craft Guild, 3 Ph Tô T ch, Hàng Gai, Hoàn Ki m, Hà N i, Vietnam. Ngân Hà Antiques, 81 Ma May Str, Hoan Kiem, Hanoi, Vietnam.

AFRIKA

38. DSCHALLABIJA, ÄGYPTEN

In jedem Souk für Waren des täglichen Lebens findet man Dschallabja-Schneider, die auch die passenden Stoffe anbieten.

39. SHUKA, KENIA

Maasai Market, Slip Rd, Nairobi, Kenia. Shukas kosten zwischen 5 bis 10 Dollar.

40. DECKEN DER BASOTHO, LESOTHO

Aranda Textiles, Corner Wol & Desert Street, Randfontein, Gauteng, South Africa. Decken aus Wolle kosten um die 50 Euro, aus 100 Prozent Synthetik sind sie günstiger.

41. AFRICAN LACE, ÖSTERREICH UND NIGERIA

Firma Hoferhecht Stickereien, Werksverkauf, Reichsstraße 68a, 6890 Lustenau, Österreich. Primetex Werksverkauf, Schillerstraße 24, 6890 Lustenau, Österreich. Austria Stickereimuseum mit angeschlossenem Museumsshop, Hofsteigstraße 21, 6890 Lustenau, Österreich. Balogun Ajeniya Market, Lagos Island, Lagos State, Nigeria.

42. FRIEDENSKÖRBE, RUANDA

Kimirionko Markt in Kigali, Ruanda: Agaseke aus Plastik für ein paar Euro. Caplaki Craft Village, KK 2 Ave, Kigali, Ruanda: Hier gibt es fein gearbeitete Stücke, die je nach Größe und Machart zwischen 40 und 80 Euro kosten.

AMERIKA

43. BOWLER-HUT, BOLIVIEN

Mercado Central, Potosi, Bolivien: Gute Hutgeschäfte finden Sie in den Seitenstraßen. Den Bowler bekommen Sie eigentlich auf jedem Mercado Central des Landes.

44. DER EKEKO, BOLIVIEN

Hexenmarkt, Melchor Jimenez, La Paz, Bolivien.

45. TASCHEN DER WAYUL, KOLUMBIEN

Sonntagsmarkt Usaquén, Calle 119 Con Carrera 6a, Bogotá, Cundinamarca, Kolumbien. Zwischen 30 und 50 Euro. Am besten kaufen Sie die Taschen direkt bei den Wayuu in La Guajira. Jade Longelin bietet die Taschen über Lombia & Co von Kolumbien aus im Internet an.

46. POINTY BOOTS, MEXIKO

Kaufen können Sie die Schuhe bei lokalen Schuhmachern in und um Matehuala. El Vaquero Imports, Inc. 4910 S 24th Street, Omaha, Nebraska, 68107 bietet die Schuhe im Internet an.

47. CHULLOS, PERU

Kooperative Shop auf dem Hauptplatz von Taquile, Lake Titicaca, Puno 21510, Peru. Miraflores Indian Market, Petit Thouars 5321, Cercado de Lima 15074, Peru. Generell sollten Sie Zwischenhändler meiden. Das gibt Karmapunkte im Touristenhimmel.

48. WAQ´OLLOS, PERU

Mercado San Pedro, Tupac Amaru, Cusco, Peru.

49. FLAMINGOS, USA

The Official Florida Flamingo Museum, 4901 E Silver Springs Blvd, # 701, Six Gun Plaza Inside Cindy Dunlow Frames, Ocala, FL 34470-3228.

50. QUILTS, USA

Der Preis für Decken aus Gee´s Bend, die Sie nur noch in Galerien bekommen, wird schnell fünfstellig. Das gilt auch für die alten Quilts der Amish. Einfache anglo-amerikanische Quilts aus den 1970er-Jahren sind günstiger. Bird-in-Hand Farmers Market, 2710 Old Philadelphia Pike, Bird-in-Hand, PA 17505. The Old Country Store, 3510 Old Philadelphia Pike, Intercourse, PA 17534, USA: Hier bekommen Sie Quilts der Amish, die für den Verkauf gemacht wurden. Marie Miller Antique Quilts, 1489 Route 3O, P. O. Box 983, Dorset, Vermont 05251: große Auswahl!